EL CAMINO A
RELACIÓN

ORANDO LA PALABRA | GÉNESIS A JOB

CONTENIDO

PREFACIO

¿Qué hombre de veintitantos años se inspiraría para escribir un libro sobre la oración? Uno esperaría que alguien de la Generación Z, bueno, no escribiera nada, a menos que se tratara de algo sobre redes sociales o calzado deportivo. Pero no me sorprende que la oración se haya convertido en la pasión de este autor.

Riley Martin no se limita a hablar y a escribir sobre la oración; tiene una sala de oración en su casa con un mapa gigante de los continentes y las naciones pegado a la pared, donde puede literalmente orar dando la vuelta al mundo (en menos de ochenta días).

Riley vive en el torrente de generaciones de guerreros de oración. Heredó ese estilo de vida. He tenido la bendición conocer a tres generaciones de Martins y Dyers (su familia materna), dos linajes impecables de forjadores de un mundo piadoso y lleno de oración.

Durante la época de la calle Azusa, surgió una profecía que decía algo como esto: «En los últimos días mi pueblo adorará a un Dios al que no ora». Estamos en los últimos días, y esta profecía se está cumpliendo en este momento. Si esta generación Z está sintetizando la oración en su caminar con Dios, entonces todos, desde los boomers y los que les siguen, deben sentarse y prestar atención.

Dios está llamando a su Iglesia a volver al altar, a arrodillarse, a consagrarse y a orar. Este llamado autor ha puesto en nuestras manos y en las salas de oración un gran recurso de oraciones hechas en reuniones de oración individuales y colectivas extraídas de las Escrituras. Están listas para ser usadas y son fáciles de utilizar. ¿Por qué no orar la palabra de Dios? Las oraciones que se encuentran en la palabra ya están ungidas, elegidas y bendecidas por Dios.

Lo que ahora tienes en tus manos es la primera de una serie de obras de oración que están destinadas a ser ampliamente utilizadas por guerreros de oración multigeneracionales. Cada fracaso es un fracaso de oración, y cada éxito es un éxito de oración. Dios no hace nada si no es a través de la oración, así que comencemos nuestro viaje por *El camino a la relación*.

INTRODUCCIÓN

Toda mi vida crecí en torno a la oración. Recuerdo que mi pastor (mi papá) les pedía a las personas que se anotaran en la cadena de oración de veinticuatro horas cada semana. Antes de empezar la escuela, mi mamá me llevaba a las reuniones de oración de mujeres, y yo me sentaba y escuchaba mientras ella y otras intercedían por el avivamiento. Crecí como un niño tímido que no hablaba mucho, pero lo que sí aprendí enseguida fue a desarrollar una vida de oración. Oraba por mis amigos, mi familia y mi futuro. Estaba desesperado por ver cómo el mundo era alcanzado, y la única manera que conocía para conseguirlo era a través de la oración.

Cuando recibí mi licencia ministerial, la iglesia se convirtió en una parada diaria. La oración lo era todo para mí. Abría puertas en mi vida. Oraba todos los días para tener audacia y poder hablar a los demás. Orar por los demás siempre me acercaba más a Dios. Llegué al punto en que mi tiempo de oración era la parte más importante y favorita del día. Con el tiempo descubrí la oración de la palabra de Dios. Empecé a orar diariamente ciertos versículos o pasajes de las Escrituras. A menudo oraba una porción específica de las Escrituras durante un año, hasta que Dios me daba una nueva para orar. La oración continúa siendo la base de mi vida. Es una fuente que nunca deja de manar. Mi oración personal es que este libro te permita forjar una relación más profunda con Dios orando su palabra.

La serie *El camino a la relación* trata sobre el crecer con Dios al orar las oraciones que se encuentran en la Biblia. Este primer volumen, de Génesis a Job, te guiará a través de los libros del Antiguo Testamento. Encontrarás oraciones personales que puedes orar basándote en las vidas y ejemplos de Abraham, Isaac, Jacob, Moisés, Josué, Rut, los jueces y reyes, Ester, Job y otros. El libro está diseñado para que lo puedas leer junto con las Escrituras y orar por tu vida basándote en la palabra de Dios. La oración es el fundamento de tu relación con Dios. A medida que vayas orando te encontrarás creciendo en amor, sabiduría, entendimiento y hambre por la voluntad de Dios en tu vida. Que estas oraciones sean una bendición para ti mientras creces en tu relación con Jesucristo.

GÉNESIS

«Pero Noé halló gracia ante los ojos de Jehová».

La rectitud de Noé destacó como un faro en medio de la maldad desenfrenada de su época. Era un hombre justo y «perfecto», es decir, recto en su comportamiento para con Dios. Su respuesta al mensaje de Dios fue la fe y la obediencia. (Vea Heb. 11:7). Por sus acciones, su familia fue salva y, por consiguiente, también lo fue la raza humana.

La gracia es un don que Dios extiende a todos los que desean ser salvos. Efesios 2:8 dice: «Porque por gracia sois salvos por medio de la fe». Nosotros, como Noé, debemos encontrar, perseguir y alcanzar esa gracia, y después responder actuando según nuestra fe para poder ser salvos.

Señor, ayúdame a vivir con rectitud para que pueda encontrar y alcanzar continuamente la gracia que me has ofrecido. Quiero ser salvo.

Génesis 50:20

«Vosotros pensasteis mal contra mí, más Dios lo encaminó a bien, para hacer lo que vemos hoy, para mantener en vida a mucho pueblo».

Este versículo aparece tras el fallecimiento del padre de José. Sus hermanos mayores estaban preocupados porque, ahora que su padre se había ido, José, el segundo hombre más poderoso de Egipto, tendría los medios y la oportunidad de vengarse por la crueldad que sufrió durante su juventud. Sin duda, José pudo haberse vengado de sus hermanos, pero en lugar de eso, declaró que lo que ellos habían hecho para mal, Dios lo había hecho para bien, para que muchos pudieran ser salvos.

Jesús, te pido que escudriñes mi corazón, y si encuentras algún deseo de venganza, por favor convierte en bien el mal que se me ha hecho. Permite, a su vez, que mi bien salve a muchas personas.

ÉXODO

Éxodo 4:10–12

«Entonces dijo Moisés a Jehová: ¡Ay, Señor! nunca he sido hombre de fácil palabra, ni antes, ni desde que tú hablas a tu siervo; porque soy tardo en el habla y torpe de lengua. Y Jehová le respondió: ¿Quién dio la boca al hombre? ¿o quién hizo al mudo y al sordo, al que ve y al ciego? ¿No soy yo Jehová? Ahora pues, ve, y yo estaré con tu boca, y te enseñaré lo que hayas de hablar».

Este pasaje proviene del llamado de Moisés en el desierto de Madián. Antes de que Moisés dividiera el Mar Rojo, hiciera descender maná del cielo, hiciera brotar agua de una roca, recibiera los Diez Mandamientos en el Monte Sinaí o experimentara la gloria del Señor, él confesó a Dios sus inseguridades. Tenía miedo de hablar frente a una multitud, posiblemente debido a un impedimento del habla. (Algunos creen que pudo haber sido tartamudo). Sin embargo, la respuesta del Señor a Moisés fue simplemente: «¿Quién dio la boca al hombre? ¿o quién hizo al mudo y al sordo, al que ve y al ciego? ¿No soy yo Jehová?» Dios le estaba diciendo: «No te preocupes por tu impedimento del habla, ¡estás hablando con el creador!» El Señor continuó: «Anda, ponte en marcha, que yo te ayudaré a hablar y te diré lo que debas decir». (NVI). Desafortunadamente, Moisés siguió sintiéndose inseguro, incluso después de haber recibido esta afirmación del Señor. Finalmente, Dios se enojó con Moisés (v. 14) y designó a Aarón para que hablara por él, aunque el plan original del Señor era que Moisés hablara.

Hoy en día, hablar en público es el temor número uno del planeta. Este miedo puede introducirse en la iglesia. Aunque no todos somos llamados a pararnos delante de un púlpito y predicar, sí somos llamados a transmitir el mensaje del evangelio. Nuestra oración debe ser que nuestra fe en Dios, quien hizo nuestra boca, supere el miedo de hablar a los demás. Dios nos dará las palabras para hablar.

Señor, oro para que estés con mi boca y mi habla tal como se lo prometiste a Moisés. No permitas que me

aprisione el miedo, sino que salga con la confianza de que tú me darás las palabras para hablar. Confío en que me enseñarás lo que debo hacer y decir cuando transmita el mensaje del evangelio.

Éxodo 5:22–6:2

«Entonces Moisés se volvió a Jehová, y dijo: Señor, ¿por qué afliges a este pueblo? ¿Para qué me enviaste? Porque desde que yo vine a Faraón para hablarle en tu nombre, ha afligido a este pueblo; y tú no has librado a tu pueblo. Jehová respondió a Moisés: Ahora verás lo que yo haré a Faraón; porque con mano fuerte los dejará ir, y con mano fuerte los echará de su tierra. Habló todavía Dios a Moisés, y le dijo: Yo soy JEHOVÁ».

Después de que el Señor prometió liberar a los israelitas de Egipto, Moisés hizo lo que Dios le había pedido. Se presentó ante el faraón, realizó las señales de Dios y exigió que los israelitas fueran liberados. El faraón se negó y empezó a tratar a los esclavos israelitas con más crueldad que antes. El pueblo se enfadó con Moisés y le vociferó. Moisés, quien tenía una promesa de Dios, se quedó cuestionando por qué Dios permitiría que el Faraón no sólo exigiera la cuota regular de ladrillos, sino también que obligara a los israelitas a recoger su propia paja. Después de que se le prometió la victoria, ¡las cosas habían empeorado! Moisés clamó a Dios: «¡Ay, Señor! ¿Por qué tratas tan mal a este pueblo? ¿Para esto me enviaste?» El Señor respondió: «Ahora verás lo que voy a hacer con el faraón... Yo soy el Señor». (Éxodo 5:22; 6:2, NVI). El Señor tiene la manera de dejar en claro que la victoria viene únicamente de su mano. Nadie más podría atribuirse la destrucción y el dolor que Dios derramó sobre el faraón y el pueblo de Egipto.

Cuando Dios te promete la victoria, esperas que suceda inmediatamente. *Quieres* que suceda inmediatamente. Sin embargo, después de que él hace la promesa y tú la recibes y la crees, la situación parece empeorar. Esto puede dañar tu fe. Pero cuando esto ocurra, recuerda esta historia en Éxodo. Moisés no entendía por qué la situación del pueblo empeoraba, pero el Señor dijo: «Ahora...». Ahora él te sacará. Ahora él obtendrá la victoria. Ahora se le dará el mérito. Y tú sabrás de primera mano que él es el Señor.

Dios, no permitas que pierda la fe cuando mi prueba empeore y me encuentre siguiendo tu promesa. Oro para tener la confianza y la fe de saber que tú eres el Señor, que ganarás la victoria, y que me sacarás adelante.

Éxodo 7:5

«Y sabrán los egipcios que yo soy Jehová, cuando extienda mi mano sobre Egipto, y saque a los hijos de Israel de en medio de ellos».

En Éxodo 7, Dios nos vuelve a recordar que él es el Señor. Sin embargo, en esta declaración no es únicamente Moisés quien sabrá que su Dios es el Señor; ¡Egipto también lo sabrá! En el Antiguo Testamento, Egipto es un ejemplo o una comparación del mundo, donde las personas no creen en Dios. De hecho, Dios estaba afirmando que aunque los incrédulos no reconozcan su soberanía o, en algunos casos, su propia existencia, sabrán que él es el Señor cuando su mano poderosa saque a sus hijos de entre ellos.

Te ruego que el mundo reconozca que tú eres el Señor, y que saques a tus hijos de las tinieblas de este mundo hacia tu luz admirable.

Éxodo 14:13–14
«Y Moisés dijo al pueblo: No temáis; estad firmes, y ved la salvación que Jehová hará hoy con vosotros; porque los egipcios que hoy habéis visto, nunca más para siempre los veréis. Jehová peleará por vosotros, y vosotros estaréis tranquilos».

Este mensaje de Moisés responde al miedo que se apoderó de los hijos de Israel. El ejército del faraón se dirigía hacia ellos con la intención de capturarlos o destruirlos. Moisés respondió diciendo: «No tengan miedo. Mantengan sus posiciones, que hoy mismo serán testigos de la salvación que el Señor realizará en favor de ustedes». (Éxodo 14:13, NVI). Cuando la vida se pone difícil, lo mejor que podemos hacer es poner nuestra fe y confianza en Dios. Él librará nuestras batallas.

Señor, ayúdame a no tener miedo cuando el enemigo aceche mi mente y mi vida para destruirme. Ayúdame a mantenerme firme y ver cómo libras mis batallas.

Éxodo 15:1–2

«Entonces cantó Moisés y los hijos de Israel este cántico a Jehová, y dijeron:

Cantaré yo a Jehová, porque se ha magnificado grandemente; Ha echado en el mar al caballo y al jinete. Jehová es mi fortaleza y mi cántico, Y ha sido mi salvación. Este es mi Dios, y lo alabaré; Dios de mi padre, y lo enalteceré».

Inmediatamente después del triunfo del Señor sobre los egipcios en el Mar Rojo, Moisés y los hijos de Israel comenzaron a alabar al Señor. El cántico de alabanza de Moisés describe con lujo de detalle la poderosa hazaña, exaltando al Señor por su intervención. Entonces Miriam y las mujeres comenzaron a alabar al Señor con timbales y danzas, cantando: «¡se ha magnificado grandemente!».

Lamentablemente, a menudo olvidamos alabar al Señor inmediatamente después de haber obtenido una gran victoria. En cambio, nos centramos en lo que está por venir, en lo que aún necesitamos o en lo que no tenemos. Dios merece nuestra gratitud por acudir en nuestro rescate. ¡Se merece toda la gloria, el honor y la alabanza! Debemos dedicar tiempo a celebrar las maravillas de Dios y alabarle inmediatamente después de una victoria.

Señor, gracias por la victoria que has obrado en mi vida. Tú eres mi fuerza y mi canción. Tú eres mi salvación y mi Dios. Te exalto, Jesús.

Éxodo 18:19
«Oye ahora mi voz; yo te aconsejaré, y Dios estará contigo. Está tú por el pueblo delante de Dios, y somete tú los asuntos a Dios».

Este pasaje fue pronunciado por Jetro, suegro de Moisés. Moisés sufría de agotamiento porque estaba intentando resolver todos los problemas que surgían entre los millones de israelitas a su cargo. Jetro observó a la gente de pie en hordas alrededor de Moisés mientras esperaban su turno. Finalmente, tomó la palabra: «pues te cansas tú y se cansa la gente que te acompaña. La tarea es demasiado pesada para ti; no la puedes desempeñar tú solo». (Éxodo 18:18, NVI). Le aconsejó a Moisés que delegara autoridad a los líderes por debajo de él para que se ocuparan de los asuntos de menor importancia.

Se han escrito muchos libros de liderazgo en torno a este pasaje y al concepto de delegación dentro de la iglesia. Aunque éste es un gran principio de las Escrituras, me gustaría centrarme en una oración que podemos extraer de este versículo.

Jetro, o Reuel (Éxodo 2:18) o Ragüel (Núm. 10:29) era el sacerdote de Madián. Su nombre significaba «amigo de Dios». De modo que, aunque Jetro era un hombre espiritual, no era el líder espiritual de Moisés. Aun así, la Biblia indica que el sabio consejo de Jetro fue bueno para Moisés.

Esto habla de un principio importante en nuestras vidas. Podemos aceptar consejos de líderes que no tienen autoridad sobre nosotros; no obstante, debemos hacerlo con cuidado y pensando en Dios. Jetro le instó diciendo: «Oye ahora mi voz; yo te aconsejaré». Primero debemos orar por las voces que escuchamos y por los consejos que nos ofrecen. El consejo de Jetro era un buen consejo, pero Moisés necesitaba someterlo al filtro de su guía espiritual. Podemos ver que el consejo de Jetro era para bien porque declaró: «Dios estará contigo». Cuando aceptamos un consejo de alguien, nuestra oración debe ser que Dios esté con nosotros.

Dios, permíteme recibir consejos y asesoramiento de los demás. Mas guárdame de los que me aconsejan sin tenerte en cuenta. En cada consejo que reciba, sea de personas espirituales o no, hazme saber que tú estás conmigo.

Éxodo 20:3
«No tendrás dioses ajenos delante de mí».

Este versículo corresponde al pasaje que todos conocemos como los Diez Mandamientos. Al considerar estos mandamientos, ciertamente podemos orar para pedir por fortaleza para seguirlos. Sin embargo, la mayoría de ellos son simplemente reglas: no matarás, no robarás, no levantarás falso testimonio, guardarás el día de reposo, honrarás a tus padres, y así sucesivamente. Sin embargo, el primer mandamiento, no tendrás dioses ajenos delante de mí, es uno por el que deberíamos orar y obedecer todos los días.

En el Antiguo Testamento, adorar a varios dioses era algo habitual en casi todas las civilizaciones, aparte de la judía. En el mundo actual, especialmente en el occidente, el ateísmo parece estar más presente que el politeísmo. Sin embargo, nuestro tipo de politeísmo puede ser representado por diversas cosas: el tiempo, el dinero, el trabajo, los deportes, la educación, los amigos, los eventos. Estas son las cosas que ponemos por delante de nuestro Dios. Por lo tanto, esta es la oración que podemos realizar todos los días:

Señor, ayúdame a ponerte en primer lugar en todas las cosas. Te ruego que nada se anteponga a ti en mi vida. Tú eres lo primero en mi lista; tú eres mi prioridad.

Éxodo 23:20

«He aquí yo envío mi Ángel delante de ti para que te guarde en el camino, y te introduzca en el lugar que yo he preparado».

En Éxodo 23, el Señor se dirige a Moisés. Dios acababa de establecer un pacto con Israel (cap. 19) y luego presentó su ley al pueblo. Entonces dijo: «que yo envío mi ángel delante de ti, para que te proteja en el camino y te lleve al lugar que te he preparado». (Éxodo 23:20, NVI). ¡Cuán tranquilo debió haberse sentido Moisés al oír estas palabras!

Podemos orar por tres aspectos de esta oración sobre nuestras vidas. Primero, un ángel debía ir delante de Moisés. El versículo 21 dice que el nombre del Señor estaba en el ángel; por lo tanto, el nombre del Señor debía ir delante de Moisés. Nuestra oración es que los ángeles marchen delante de nosotros llevando el nombre de Dios. Podemos estar seguros de que cada paso que damos ya está preparado para nosotros en el nombre de Jesús.

En segundo lugar, el ángel debía mantener a Moisés en el camino. Lo primero que pienso cuando oigo las palabras «el camino» es que con ellas se identificaba a los seguidores de Cristo; cuando las personas elegían seguir a Jesús, pasaban a formar parte de «el camino». Ahora bien, esto obviamente no es lo que el Señor quería para Moisés, pero aquí hay una referencia simbólica; así como Moisés se mantuvo en el camino de Dios, nosotros también debemos mantenernos en el camino de Dios.

Finalmente, el ángel debía llevar a Moisés al lugar que Dios había preparado para él. ¡Se me pone la piel de gallina al leer ese versículo! Dios tiene un lugar preparado para nosotros, no sólo en el cielo, sino también en esta vida. Quiero ser llevado a ese lugar. Quiero elegir emprender el camino hacia ese lugar. El ángel debía ir delante de Moisés, acompañarlo en su viaje y llevarlo exactamente al lugar donde Dios quería que estuviera. Eso es lo que quiero en mi vida.

Señor, permite que tu ángel vaya delante de mí con cada paso. Permite que tenga la seguridad de que tu nombre está despejando el camino y manteniéndome en ese camino. No permitas que me desvíe de este. Por último, Señor, deja que tu ángel

me conduzca al lugar que has designado para mí, en el poderoso nombre de Jesús.

Éxodo 25–27

La oración del tabernáculo

La Oración del Tabernáculo es uno de los patrones de oración más conocidos del Antiguo Testamento. He conocido predicadores que hacen esta oración todas las mañanas. He pasado temporadas de mi vida haciendo esta oración y recibiendo sus resultados de vida para mi día. Para esta sección, gran parte del modelo de oración procederá del libro de Anthony Mangun *Heaven to Earth* [El cielo a la tierra]. Haremos un bosquejo de la Oración del Tabernáculo en el orden en que los sacerdotes la realizaron en Éxodo. La progresión es: la puerta, el altar de bronce, la fuente de agua, la puerta del lugar santo, el candelero de oro, la mesa de los panes de la proposición, el altar de oro, el velo del lugar santísimo y el arca del pacto.

La puerta es el primer paso de la oración del Tabernáculo. Encontramos en Salmos 100 que debemos entrar por sus puertas con acción de gracias y por sus atrios con alabanza. Por lo tanto, comenzamos esta oración dando gracias a Dios.

Señor, te doy gracias y alabo tu nombre. ¡Te daré toda la alabanza!

El segundo escalón es el altar de bronce, el mueble más grande que había en el tabernáculo. Era el lugar donde se sacrificaban animales por los pecados del pueblo. La sangre del sacrificio se esparcía en las cuatro esquinas del altar y el resto se derramaba en el suelo. Nunca debemos pasar de largo por este altar porque es donde tratamos (mortificamos, matamos) nuestra carne (naturaleza carnal).

Dios, me arrepiento ante ti. Limpia mi corazón de todo pecado y deseo maligno.

Después, llegamos a la fuente de bronce. La fuente de bronce ofrecía una purificación después de la experiencia sangrienta en el altar. Leemos la palabra para purificar. Efesios 5:26 dice: «para santificarla [la iglesia o el pueblo de Dios], habiéndola purificado en el lavamiento del agua por la palabra». (Vea también Juan 15:3; Salmos 119:9.)

Señor, leeré tu palabra purificadora y la aplicaré a mi vida.

Tras la fuente se encuentra la puerta del lugar santo. La entrada tenía cinco pilares. Muchos han llamado a estos cinco pilares los nombres de Jesús en Isaías 9:6. Se puede pasar mucho tiempo orando sobre cómo Dios es Consejero admirable, Dios fuerte, Padre eterno y Príncipe de paz.

Señor, ¡eres maravilloso! Tu presencia me sobrecoge. Tú eres Consejero. Guíame hoy en tu consejo. Tú eres el Dios Fuerte. Te alabo por tu poder y engrandezco tu nombre. Tú eres el Padre eterno. ¡Te adoro! Y tú eres el Príncipe de Paz. Gracias por llenar mi vida de paz.

Entrando al lugar santo, llegamos al candelero de oro. En este lugar oramos para que Dios nos llene de su fuego.

Señor, lléname con tu fuego. Quiero arder por tu palabra, tu misión y tu voluntad para mi vida.

Luego viene la mesa de los panes de la proposición. Era un recordatorio constante del pacto y la provisión de Dios, representado por los doce panes. Jesús dijo: «Yo soy el pan de vida; el que a mí viene, nunca tendrá hambre». Obtenemos fuerza espiritual leyendo e ingiriendo la palabra. Se convierte en parte de nuestro ser. En segundo lugar, en la mesa de los panes de la proposición oramos por el ministerio. Oramos por los pastores, evangelistas, profetas, apóstoles y maestros.

Señor, gracias por la fuerza que recibo de tu palabra. La leeré a diario. También oro por el ministerio; oro por los pastores, profetas, evangelistas, apóstoles y maestros de todo el mundo. Te ruego que les dés fortaleza.

La última parada en el Lugar Santo es el altar del incienso. En este altar adoramos a Dios de corazón.

Nuestra adoración y alabanza se elevan ante él como un perfume fragante.

Señor, te adoro con todo lo que soy. Te amo con todo mi corazón, alma, mente y fuerza.

Ahora llegamos al Lugar Santísimo, donde habita la presencia de Dios. Un velo grueso hacía de este un lugar exclusivo; únicamente el sumo sacerdote tenía acceso, y entraba una sola vez al año. Pero Jesús nos aseguró en Mateo 7:8 (NET – *New English Translation* [Nueva traducción al inglés]: «Al que llame, se le abrirá la puerta» [Traducción literal, ya que esta versión de la Biblia no se encuentra disponible en español]). Nos dio acceso a este lugar santo al momento de su muerte, cuando el velo se rasgó en dos.

Señor, te pido entrar al Lugar Santísimo. Y te doy gracias porque rasgaste el velo en el Calvario.

Dentro del Lugar Santísimo encontramos el arca del pacto. Su cubierta era el propiciatorio, y en su interior había una vasija de maná, las tablas de piedra en las que estaban grabados los Diez Mandamientos y la vara de Aarón que brotaba. Primero oramos ante el propiciatorio. En este paso damos gracias a Dios por su misericordia y recibimos acceso a su poder.

¡Gracias por tus misericordias, que son nuevas cada día!

La vasija de maná representa a Dios proveyendo para las necesidades de los israelitas. Un hombre sabio oró una vez: «No me des pobreza ni riqueza; aliméntame con la comida [o cualquier otra cosa] que me sea necesaria» [Traducción literal, ya que esta versión de la Biblia no se encuentra disponible en español]. (Prov. 30:8–9, ESV – *English Standard Version* [Versión inglesa estándar]). Cuando Dios nos bendice con más de lo suficiente, no nos lo está dando para derrochar en entretenimiento o vacaciones o «cosas». Nos está dando la oportunidad de ser una bendición para la iglesia y para los demás.

Señor, te pido que hoy suplas mis necesidades según tu voluntad. Bendíceme para que pueda ser una bendición para tu reino.

A continuación están los Diez Mandamientos. Debido a que permaneces en sus mandamientos tienes su protección. Ora para tener esa protección constante.

Señor, seguiré tus mandamientos en mi vida. Y te doy gracias por la protección que me das. Te pido que sigas protegiéndome a mí, a mi familia y a mi iglesia.

El último paso es la vara de Aarón que brotó. En el antiguo Israel, las varas eran símbolos de autoridad. Fue la vara de Aarón la que se convirtió en serpiente en la corte de Faraón. Fue la vara de Aarón la que convirtió en sangre las aguas de Egipto e invocó las plagas de ranas y mosquitos. Cuando los líderes de Israel se disgustaron por la autoridad otorgada a Moisés y Aarón, Moisés dijo al líder de cada tribu que trajera su vara. Moisés tomó las doce varas y las colocó ante el arca. A la mañana siguiente, la vara de Aarón había brotado y florecido y producido almendras, lo que demostraba que Aarón y sus hijos eran sacerdotes y que el resto de los levitas debían ministrar ante el Señor en el tabernáculo. ¡La vara había traído a la existencia cosas sobrenaturales! En este punto de nuestra oración declaramos cosas a la existencia a través de la guía del Espíritu.

Señor, expresaré tu voluntad según la guía del Espíritu. Hágase en la tierra como en el cielo.

Éxodo 33:11

«Y hablaba Jehová a Moisés cara a cara, como habla cualquiera a su compañero. Y él volvía al campamento; pero el joven Josué hijo de Nun, su servidor, nunca se apartaba de en medio del tabernáculo».

Podemos extraer dos características clave de este versículo. En primer lugar, Moisés habló con Dios cara a cara, como un hombre habla con su amigo. ¡Qué poderoso testimonio de relación! Predicamos y enseñamos sobre cómo podemos hablar con Dios como un amigo. Pero la Biblia no solamente dice que

Moisés le habló a Dios como un amigo; dice que Dios le habló a Moisés como un amigo. Hablaron cara a cara.

Vemos esta forma de comunicación muchas veces en la vida de Moisés, este diálogo de ida y vuelta entre el hombre más manso de la tierra y su Señor. No era un diálogo unilateral; Dios y Moisés conversaban sobre los problemas en la montaña, cuando estaba desesperado, sobre el pueblo o sobre la propia vida de Moisés. Moisés tenía una relación con Dios que casi no se puede comparar con otra a lo largo de las Escrituras. Sin embargo, es una relación que nosotros podemos alcanzar. Podemos orar para que Dios nos hable a nosotros y hable con nosotros cara a cara, como un hombre le habla a su amigo.

Señor, haz que profundice mi relación contigo. Enséñame y guíame en la manera en que debo comportarme y obedecerte y reverenciarte para que podamos hablar cara a cara como amigos.

La segunda parte de este versículo no se refiere a Moisés, sino más bien a Josué. Josué era el joven siervo de Moisés. Lo siguió, imitó y ministró (sirvió). Podríamos decir que Josué era el aprendiz y Moisés el mentor. No puedo evitar reconocer este versículo como el inicio de la relación personal de Josué con el Señor: Moisés volvería al campamento, pero Josué se quedaría en el tabernáculo. Moisés se iría porque había terminado su conversación con Dios, pero Josué aún no había terminado.

La Biblia no dice lo que ocurrió en ese momento. No dice que Josué habló también con Dios cara a cara. No dice que el Señor haya impartido a Josué las mismas cosas que a Moisés. No profundiza en si Josué sintió la gloria y la presencia de Dios o si no sintió nada en absoluto. Y en realidad, no importa. Porque este versículo nos revela que Josué tenía más hambre de la presencia de Dios, y esta hambre le impedía abandonar el tabernáculo. Era un hombre joven. No era el líder; era sólo el siervo de Moisés. Pero este es el momento que creo que Dios estaba buscando. Josué le demostró algo al Señor ese día. Demostró que tenía hambre de más. Y el hambre es el sentimiento más grandioso del planeta. Si siempre tienes más hambre de Dios, no hay límite a lo que él puede hacer en tu vida, porque él sabe que no hay límite a lo que tú harás por él. Y así, este versículo nos da un modelo de oración sobre tener hambre de Dios en nuestras vidas.

Señor, así como Josué se quedó en el tabernáculo después de que Moisés se marchara, permíteme quedarme en tu presencia. Déjame tener hambre de ti y de tus cosas. Con gusto seré un siervo de aquellos grandes hombres de fe que me precedieron, pero busco una relación contigo por mi cuenta. No me iré hasta que hayas terminado conmigo.

Éxodo 33:12–14

«Y dijo Moisés a Jehová: Mira, tú me dices a mí: Saca este pueblo; y tú no me has declarado a quién enviarás conmigo. Sin embargo, tú dices: Yo te he conocido por tu nombre, y has hallado también gracia en mis ojos. Ahora, pues, si he hallado gracia en tus ojos, te ruego que me muestres ahora tu camino, para que te conozca, y halle gracia en tus ojos; y mira que esta gente es pueblo tuyo. Y él dijo: Mi presencia irá contigo, y te daré descanso».

Esta oración de Moisés sigue al versículo 11, cuando Moisés se encontró con Dios cara a cara. Comenzó su oración diciendo: «Me diste instrucciones para sacar a este pueblo de Egipto, pero ésa es toda la información que me diste. No me dijiste a quién enviarás conmigo». Dios respondió: «Yo mismo iré contigo y te daré descanso». (Éxodo 33:14, NVI).

A veces Dios nos ordena hacer algo sin elaborar todo el plan. Nos dice que vayamos, pero omite el «con quién», el «por qué» o el «cómo». Pero la seguridad viene con el hecho de que nos conoce por nombre, y hemos hallado gracia ante sus ojos. Ve con fe, confiando en que Dios estará contigo.

Entonces Moisés repitió las palabras de Dios: «Si es cierto que me miras con buenos ojos, permíteme conocer tus caminos, para que pueda comprenderte más a fondo y siga gozando de tu favor. Y recuerda que esta nación es tu propio pueblo». (Éxodo 33:13, NTV). Esto me parece poderoso por varias razones. Primero, muestra que Moisés estaba escuchando; repitió las palabras del Señor. Dios no necesita que se lo recordemos, pero cuando le repetimos sus palabras, mostramos nuestra fe en lo que ha dicho. Moisés estaba en un punto en el que no sabía qué hacer. Sabía que su trabajo era guiar al pueblo, pero había llegado a un punto sin salida y estaba perdido. ¿Qué debía hacer a continuación? Moisés no intentó resolverlo por sí mismo. Dijo: «permíteme conocer tus caminos, para que pueda comprenderte más a fondo y siga gozando de tu favor».

Es un ejemplo profundo para nosotros. Una vez que avancemos en la fe, llegaremos inevitablemente a una encrucijada y no sabremos qué camino tomar en seguida. Podemos intentar resolverlo nosotros mismos o podemos orar como lo hizo Moisés: «te ruego que me muestres ahora tu camino». Moisés no se detuvo ahí, continuó: «para que te conozca». Esto me encanta. Moisés repitió las palabras del Señor del versículo anterior. El Señor dijo: «Yo te conozco por tu nombre», y Moisés respondió: «Quiero conocerte como tú me conoces a mí». ¡Qué asombroso es eso! Luego añadió: «y siga gozando de tu favor». Dios ya había declarado que Moisés había encontrado la gracia. Moisés simplemente repetía las palabras de Dios y las declaraba sobre su vida.

Finalmente, el Señor respondió a la oración de fe de Moisés: «Yo mismo iré contigo, Moisés, y te daré descanso; todo te saldrá bien». (Éxodo 33:14, NTV). ¡Qué consuelo para este líder de millones de personas! Moisés tenía ahora la solemne promesa que la presencia del Señor iría con él, pero, de nuevo, Dios no le explicó el cómo. Simplemente le recordaba a Moisés que no dudara.

El Señor estará a tu lado como estuvo al lado de Moisés. Y te dará descanso. Este descanso, para mí, habla de una falta de preocupación. Moisés no entendía cómo iba a suceder todo, pero la promesa de Dios alivió sus preocupaciones. Hoy este descanso viene en forma del Consolador (Juan 14:26), que es el Espíritu Santo. El Espíritu Santo nos dará descanso en nuestra misión de servir al Señor.

Señor, te pido que me digas lo que quieres que haga, y lo haré. Y cuando llegue a un lugar donde esté perdido y no entienda la totalidad de tu plan, necesito que me asegures que he hallado gracia ante tus ojos, que me conoces por mi nombre, y que irás conmigo.

Y si he hallado gracia ante tus ojos, Señor, muéstrame tu camino cuando no sepa qué hacer después. Permíteme conocerte como tú me conoces. Entonces sabré con certeza que he hallado gracia ante tus ojos.

Finalmente, Señor, te doy gracias y tengo fe en que tu presencia estará conmigo, y que me darás descanso en lugar de preocupaciones en el camino para cumplir lo que tú quieres que haga. Que tu Espíritu Santo sea ese consolador en mi vida. En el poderoso nombre de Jesús.

LEVÍTICO

Levítico 6:13

«El fuego arderá continuamente en el altar; no se

apagará».

Señor, haz que en mi altar haya fuego y sacrificio
constantes. Ayúdame a avivar ese don cada día, como
un hombre aviva los rescoldos de la noche hasta que
estallen en llamas. Te ruego que no permitas que el
fuego se apague.

Levítico 9:23

«Y entraron Moisés y Aarón en el tabernáculo de

reunión, y salieron y bendijeron al pueblo; y la gloria

de Jehová se apareció a todo el pueblo».

Señor, te ruego que tu gloria se revele a todo aquel
que quiera verte y experimentarte.

Levítico 11:44

«Porque yo soy Jehová vuestro Dios; vosotros por tanto os santificaréis, y seréis santos, porque yo soy santo».

Señor, quiero ser santo porque tú eres santo. Santifícame, Dios. Hazme puro ante ti.

Levítico 18:2–5

«Habla a los hijos de Israel, y diles: Yo soy Jehová vuestro Dios. No haréis como hacen en la tierra de Egipto, en la cual morasteis; ni haréis como hacen en la tierra de Canaán, a la cual yo os conduzco, ni andaréis en sus estatutos. Mis ordenanzas pondréis por obra, y mis estatutos guardaréis, andando en ellos. Yo Jehová vuestro Dios. Por tanto, guardaréis mis estatutos y mis ordenanzas, los cuales haciendo el hombre, vivirá en ellos. Yo Jehová».

Hazme saber que tú eres mi Dios. Tú me has liberado de mi pasado, por eso guardaré tus ordenanzas, andaré por tu camino y obedeceré tus decretos. Viviré en ti, porque tú eres mi Señor.

Levítico 26:3–4

«Si anduviereis en mis decretos y guardareis mis mandamientos, y los pusiereis por obra, yo daré vuestra lluvia en su tiempo, y la tierra rendirá sus productos, y el árbol del campo dará su fruto».

Los israelitas debían tomar este pasaje al pie de la letra, pero nosotros podemos aplicarlo a nuestra vida hoy día. Dios sigue exigiendo que guardemos sus mandamientos (Juan 14:15). Sin embargo, Dios no es un rey severo que exige que sus súbditos cumplan sus reglas bajo amenaza de pena de muerte; más bien, es un Padre amoroso que dice: «Si anduviereis en mis decretos y guardareis mis mandamientos, y los pusiereis por obra, yo daré vuestra lluvia en su tiempo, y la tierra rendirá sus productos, y el árbol del campo dará su fruto». ¡Todo tu arduo trabajo por el reino dará sus frutos porque Dios está contigo!

Señor, cumpliré tus mandamientos y haré el trabajo que me has encomendado. Te pido que me des lluvia en el tiempo indicado y hagas que mi territorio e influencia aumenten. En tu nombre, Jesús.

NÚMEROS

Números 6:24–26

«Jehová te bendiga, y te guarde; Jehová haga resplandecer su rostro sobre ti, y tenga de ti misericordia; Jehová alce sobre ti su rostro, y ponga en ti paz».

Señor, te pido que me bendigas y me dejes caminar junto a ti. Te pido que tu rostro brille sobre mí. Muéstrame tu favor, Señor, para poder recibir tu paz.

Números 12:3

«Y aquel varón Moisés era muy manso, más que todos los hombres que había sobre la tierra».

Moisés fue quizá el mayor líder del Antiguo Testamento. Reunió a una gran congregación, la sacó de Egipto, hizo milagros mediante el poder de Dios, habló cara a cara con Dios y transmitió los mensajes de Dios al pueblo. Sin embargo, Moisés, como todo ser humano, tenía algunos defectos. Era tardo para hablar.

Era un delegado defectuoso. Se enfadó más de una vez. Era humano.

He oído predicaciones en las que se señalaba que Moisés fue sin duda uno de los más grandes líderes, pero que no mostraba necesariamente las cualidades de liderazgo que uno esperaría. Entonces, ¿qué lo hizo un buen líder? Era más cercano a Dios que cualquier otro. ¿Por qué? Porque era manso. De hecho, era el hombre más manso sobre la faz de la tierra. Era humilde. Reconocía y admitía sus faltas. Sabía que no podía hacer lo que sólo Dios podía hacer. Y debido a esto, Dios pudo utilizarlo para guiar al pueblo. Cuando Moisés dirigía, era realmente Dios quien lo hacía. No intentó resolver las cosas por sí mismo, sino que confió plenamente en Dios. Y esta mansedumbre es lo que elevó a Moisés a un nivel más allá de lo que jamás pudo imaginar.

Señor, te pido que me hagas manso. Hazme humilde para que sepa que mi fuerza está en ti. Pero en lugar de pensar «menos» de mí mismo, ayúdame a pensar menos en mí. Necesito más de ti para que puedas usarme como tú quieres. En el nombre de Jesús.

Números 13:30

«Entonces Caleb hizo callar al pueblo delante de Moisés, y dijo: Subamos luego, y tomemos posesión de ella; porque más podremos nosotros que ellos».

Caleb fue uno de los doce espías elegidos para explorar la tierra de Canaán. Canaán era la Tierra Prometida a la que debían entrar los israelitas después de salir de Egipto, pero como querían saber de antemano lo que les esperaba, Moisés eligió a doce hombres para que recorrieran la tierra y vieran quienes la habitaban, evaluaran sus fortificaciones y determinaran si la tierra era cultivable. Cuando los doce hombres regresaron, comprobaron que Canaán era realmente una tierra muy buena, una tierra que manaba leche y miel. Sin embargo, también informaron que las ciudades estaban bien fortificadas y eran habitadas por gigantes. La mayoría de los israelitas tuvieron miedo, pero Josué y Caleb no.

De los doce hombres que espiaron la tierra, diez volvieron con un informe negativo. Los nombres de los diez espías con la actitud de no poder hacer nada se encuentran en Números 13:4-15, pero nadie recuerda sus nombres. Sin embargo, conocemos muy bien a los dos espías que mostraron una actitud positiva: Josué y Caleb. Caleb entusiasmado dijo: «Subamos luego, y tomemos posesión de ella; porque más podremos nosotros que ellos» (v. 30). Josué y Caleb comprendieron algo que ninguno de los otros espías parecía comprender; comprendieron que Dios les había prometido la tierra, y cuando Dios hace una promesa, esta se cumple.

Caleb no dijo «creo que podemos», él dijo: «¡Sé que podemos! ¡Subamos luego!». Habló con confianza y autoridad, sabiendo que Dios ya había declarado que la tierra era de ellos. Debes hacer lo mismo en tu vida. Primero, no hables palabras negativas, sino positivas, porque las palabras son el armamento de la guerra espiritual. Cuando pronuncias palabras negativas sobre una promesa que Dios te ha dado, estás luchando del lado del enemigo. Además, actúa conforme a las promesas de Dios. ¡Declara que puedes poseer la tierra porque Dios ya te la ha prometido!

Señor, permíteme hablar palabras positivas de fe sobre cada promesa que me has dado. Y cuando llegue el momento, ayúdame a levantarme y a decir: «¡Subamos luego, y tomemos posesión de ella; porque más podremos nosotros que ellos!».

Números 30:2
«Cuando alguno hiciere voto a Jehová, o hiciere juramento ligando su alma con obligación, no quebrantará su palabra; hará conforme a todo lo que salió de su boca».

Te pido que mis promesas a ti y a los demás sean ciertas. Ayúdame a hacer las cosas que digo que haré.

Números 32:18
«No volveremos a nuestras casas hasta que los hijos de Israel posean cada uno su heredad».

Dios había «entregado» la tierra prometida a los hijos de Israel, pero había un problema: la tierra estaba habitada. La única manera de recibir su herencia era conquistando a los pueblos que vivían allí.

Cuando los israelitas llegaron al desierto de Cademot (al este del río Jordán), Moisés envió un mensaje a Sehón, rey de los amorreos, pidiéndole permiso para atravesar su tierra. Sehón se negó, así que Israel lo conquistó y se apoderó de sus tierras. A continuación, se aventuraron hacia el norte, al reino de Og, donde derrotaron al rey Basán y se apoderaron de sus tierras. Los miembros de las tribus de Gad y Rubén, que poseían miles de cabezas de ganado, reconocieron que la tierra al este del Jordán era ideal para la cría de ganado. Ellos, junto con la mitad de la tribu de Manasés, preguntaron a Moisés si podían reclamar esa tierra como herencia. A Moisés no le gustó la idea al principio; eso fue hasta que Rubén y Gad prometieron que primero establecerían granjas para sus familias y ganado, luego cruzarían el río con el resto de los israelitas y ayudarían a conquistar las tierras al oeste del Jordán. Ellos regresarían a sus propios hogares al este del Jordán solamente después de que las tribus restantes recibieran su herencia.

Hoy en día libramos batallas y conquistamos territorios de una manera distinta: la guerra espiritual. Sin embargo, hay una lección que aprender en

Números 32:18. Debemos tener su actitud al librar la guerra contra nuestro enemigo. Puede que ya hayamos reclamado nuestra propia herencia, pero debemos negarnos a volver a nuestras casas hasta que cada persona haya recibido su propia herencia espiritual. No retrocederemos; no nos acomodaremos; ¡no nos rendiremos hasta que recibamos lo que Dios nos ha prometido!

Señor, no dejaremos de orar, ayunar, leer la Biblia y luchar en el Espíritu hasta que cada uno haya recibido la herencia que has prometido a nuestras familias y a nuestras iglesias. ¡En el nombre de Jesús!

Números 33:52
«Echaréis de delante de vosotros a todos los moradores del país, y destruiréis todos sus ídolos de piedra, y todas sus imágenes de fundición, y destruiréis todos sus lugares altos».

Este mandamiento era fruto del antiguo pacto entre Dios y su pueblo, pero la premisa se aplica a nosotros hoy. Aunque no expulsamos a las personas físicamente de nuestra herencia, sí expulsamos a los espíritus malignos. Hay tres cosas que el Señor le instruye a su pueblo que destruya: figuras, imágenes fundidas y lugares altos: (1) «imágenes», piedras grabadas o figuras talladas en madera o piedra o en una pared; (2) imágenes fundidas, figuras hechas de metal fundido; (3) lugares altos (terrenos elevados), normalmente con un altar en el que se sacrificaban animales (y en algunos casos niños), un poste de madera tallada, un pilar de piedra, otros ídolos y algún tipo de templo. La adoración en estos lugares altos a menudo implicaba prostitución. Estas figuras, imágenes fundidas y lugares altos representaban dioses falsos o ídolos que no eran el Señor.

Hoy en día tratamos con diferentes tipos de ídolos, sin embargo, todavía tenemos que eliminar figuras, imágenes y lugares altos que no son de Dios. El ojo es la luz del cuerpo o la ventana del alma. Por lo tanto, debemos tener cuidado con las figuras, imágenes y lugares elevados que permitimos que nuestros ojos vean.

Señor, ayúdame a tener la misma determinación que tenía David, quien dijo: «No pondré nada impío ante mis ojos». (Salmos 101:3, NKJV *New King James Version* [Nueva Versión Reina Valera; traducción literal, ya que esta versión de la Biblia no se encuentra disponible en español]). Ayúdame a destruir cualquier figura o imagen que no sea de ti (ya sea físicamente o en mi mente).

DEUTERONOMIO

Deuteronomio 1:6–8

«Jehová nuestro Dios nos habló en Horeb, diciendo:
Habéis estado bastante tiempo en este monte.
Volveos e id al monte del amorreo y a todas sus
comarcas, en el Arabá, en el monte, en los valles, en
el Neguev, y junto a la costa del mar, a la tierra del
cananeo, y al Líbano, hasta el gran río, el río Éufrates.
Mirad, yo os he entregado la tierra; entrad y poseed
la tierra que Jehová juró a vuestros padres Abraham,
Isaac y Jacob, que les daría a ellos y a su descendencia
después de ellos».

El pueblo de Dios llevaba cuarenta años viviendo en el
desierto, toda una generación. Fue Dios quien los
retuvo en el desierto a causa de su desobediencia
(miedo y resistencia a entrar en la tierra prometida);
sin embargo, sería Dios quien los sacaría del desierto y
los llevaría a la tierra prometida. Y Moisés, el líder del
pueblo, era lo suficientemente sensible a la voz de Dios
como para saber cuándo era el momento de moverse.

Lamento tener que decírtelo, pero habrá momentos en tu vida en los que te sientas como en un desierto. Pero también me gustaría informarte que no siempre será así. No tendrás que quedarte en el desierto indefinidamente. Tienes que ser sensible a la voz de Dios para que sepas lo que te está diciendo. Porque llegará el día en que Dios te dirá: «Ya has permanecido bastante tiempo en el desierto. Es hora de levantarse. ¡Ve y toma la tierra que he puesto ante ti!».

Señor, te pido que me ayudes a reconocer los momentos de transición en mi vida. Háblame cuando me estés llevando del desierto a la tierra prometida, y tomaré la tierra que has puesto delante de mí.

Deuteronomio 2:3
«Bastante habéis rodeado este monte; volveos al norte».

El monte Seir (Deut. 2:1) era el nombre antiguo de la región montañosa que se extendía entre el mar Muerto y el golfo de Aqaba (actuales montes Al-

Sharah, en el suroeste de Jordania). La Nueva Versión Internacional interpreta este versículo así: «Dejen ya de andar rondando por estas montañas, y diríjanse al norte. (Hacia la tierra prometida)».

Habrá regiones montañosas en tu vida: momentos estresantes, situaciones desconcertantes, caminos riesgosos, acantilados peligrosos, bestias salvajes y peñascos que no se moverán. Es inevitable. Pero al final llegará el momento de salir de las montañas y seguir otro camino.

Aquí hay dos elementos clave. El primero es que Dios dice «esta montaña», indicando que la montaña a la que te enfrentas ahora no será la última; habrán más por conquistar. Además, Dios no dijo: «sube la montaña» o «háblale a la montaña» o «rodea la montaña»; simplemente dijo: «diríjanse al norte». Ve por otro camino.

Señor, háblame cuando sea el momento de alejarme de mi montaña e ir hacia otra dirección.

Deuteronomio 2:7

«Pues Jehová tu Dios te ha bendecido en toda obra de tus manos; él sabe que andas por este gran desierto; estos cuarenta años Jehová tu Dios ha estado contigo, y nada te ha faltado».

Quiero proponer un reto a quienes se sienten como atrapados en un desierto interminable. Ya sea que hayas pasado cuarenta minutos, cuarenta días, cuarenta semanas o cuarenta años, quiero que mires hacia atrás y reconozcas la mano de Dios en medio de tus desafíos. Sé que la prueba fue dura; hubo días en que parecía que todo lo que podías hacer era levantarte de la cama y arrastrarte de una tarea a otra. Quiero que te hagas estas preguntas ¿Me ha bendecido Dios? ¿Ha estado conmigo? ¿Puedo mirar atrás y verle guiándome por el desierto? ¿Me ha faltado algo? Porque, aunque la prueba haya parecido insuperable, tú sigues aquí. Y sé que en tu prueba más oscura y profunda fue cuando descubriste con certeza que Dios estaba contigo y que nada te hacía falta en Él.

Al final de mi prueba, ayúdame a reconocer que estuviste conmigo en cada paso del camino. Y que a lo largo de todo el camino no me ha faltado nada. ¡Gracias, Dios! Eres tan bueno.

Deuteronomio 3:28
«Y manda a Josué, y anímalo, y fortalécelo; porque él ha de pasar delante de este pueblo, y él les hará heredar la tierra que verás».

Creo que el principio que se encuentra en este versículo es importante para el futuro de la iglesia.

Deuteronomio es el último libro de Moisés, e incluye la transición del liderazgo de Moisés a Josué. Previamente en el pasaje vemos cómo el Señor estaba preparando a Josué; sin embargo, era Moisés quien debía instruir al joven siervo. Dios le dijo a Moisés que hiciera tres cosas: encargar (comisionar), animar y fortalecer a Josué.

Encargar o comisionar a Josué es darle órdenes. No dejarlo avanzar confundido sobre lo que debe hacer, sino más bien darle órdenes y directrices. Al hacerlo, le quedará claro lo que implica su nuevo papel de liderazgo y lo que debe hacer para tener éxito.

A continuación, Dios le dijo a Moisés que animara a Josué. ¡Animarlo! Ayudarle a saber que puede cumplir las órdenes que se le han dado. Apoyarle e impartirle la audacia que necesita para llevar a cabo la tarea. Apoyarle, respaldarle, hablarle con palabras de aliento.

Finalmente, Dios le dijo a Moisés que fortaleciera a Josué. Que lo ayudara a ser valiente, audaz y a estar alerta. Que le hiciera saber que cumplir con éxito el encargo no sería necesariamente fácil, ¡pero que podía lograrse! Le indicó que pusiera determinación en su espíritu para que pudiera «demostrar» la palabra que el Señor ha hablado.

Deuteronomio 3:28 (NVI) termina con el Señor diciéndole a Moisés: «será él quien pasará al frente de este pueblo y quien les dará en posesión la tierra que vas a ver». Esta afirmación debió resultarle humillante a Moisés. Este gran líder que había trabajado los últimos cuarenta años de su vida para sacar al pueblo de Egipto debía ahora encomendar, animar y fortalecer a un sucesor de la siguiente generación para que heredara la promesa que Dios le había dado. Sólo se le permitió ver la promesa, luego tuvo que transmitirla a la siguiente generación. Moisés debía encomendar, animar y fortalecer a Josué, a pesar de que él mismo había sido el llamado por Dios, el que se había embarcado en el viaje, el que había obedecido a Dios y el que había trabajado tan duro para cumplir su encargo. Afortunadamente, Moisés hizo lo que Dios le pidió.

Lamentablemente, los líderes de hoy en día a veces hacen exactamente lo contrario de encomendar, animar y fortalecer. En lugar de pasar el plan a la siguiente generación y encomendárselo, los dejan en la oscuridad. En lugar de animar a la próxima generación, se quejan de que no es lo suficientemente buena y está perdiendo el enfoque. Y en lugar de fortalecer a la siguiente generación, intentan crear más dificultades a tal punto que el resultado deseado es inalcanzable. Todo esto surge de los celos y del miedo a desaparecer de la escena. Pero Dios diseñó un mejor camino. Diseñó líderes para elevar a la siguiente generación, los jóvenes que construirán sobre los cimientos que sus mayores han establecido.

Si eres un líder y sabes que se acerca el momento de abandonar tu papel (pastor, pastor de jóvenes, forjador de discípulos, líder de alabanza, equipo de medios de comunicación, etc.), recurre a esta oración para permanecer en la voluntad de Dios y promover su plan para la siguiente generación.

Señor, cuando llegue el momento de que el próximo líder me suceda, ayúdame a encomendar, animar y fortalecer a la siguiente generación. Y como Moisés, permíteme ser lo suficientemente humilde para saber que aunque no herede la tierra prometida, puedo verla. Y haré todo lo que pueda para ayudar a la próxima generación a heredarla.

Deuteronomio 4:2
«No añadiréis a la palabra que yo os mando, ni disminuiréis de ella, para que guardéis los mandamientos de Jehová vuestro Dios que yo os ordeno».

En pleno proceso de dar instrucciones y mandamientos a los hijos de Dios, el Señor le dijo a

Moisés: «No añadáis a la palabra que os mando, ni disminuyáis de ella» (Traducción literal de Young). En otras palabras, la palabra es poderosa por sí misma. Todo lo que tienes que hacer es escuchar y vivir la palabra.

Me pareció interesante la interpretación de este versículo, teniendo en cuenta que lo contrario de sumar debería ser *restar*. Sin embargo, «restar» (utilizada aquí en muchas traducciones) no es la palabra utilizada en la versión Reina Valera 1960. La palabra hebrea «disminuir» significa afeitar, quitar, retener, restringir o empequeñecer. En otras palabras, no diluyas lo que dice la Biblia en un intento de recibir algo que no sea toda la verdad. La palabra es poderosa por sí misma.

Señor, te pido que pueda recibir la palabra de Dios en verdad. No quiero añadir nada a la palabra ni disminuirla en forma alguna. Dame un amor por tu verdad, Señor.

Deuteronomio 4:4

«Mas vosotros que seguisteis a Jehová vuestro Dios, todos estáis vivos hoy».

Señor, permíteme aferrarme a ti. Permíteme desearte y permanecer cerca de ti. Si me ayudas, al final de mi travesía estaré espiritualmente vivo y no muerto en mi pecado.

Deuteronomio 4:9

«Por tanto, guárdate, y guarda tu alma con diligencia, para que no te olvides de las cosas que tus ojos han visto, ni se aparten de tu corazón todos los días de tu vida; antes bien, las enseñarás a tus hijos, y a los hijos de tus hijos».

Este pasaje destaca una herramienta poderosa e importante para los creyentes. Primero, cuídate a ti mismo; guárdate o contente a ti mismo. En segundo lugar, guarda tu alma diligentemente; sé consciente de la actividad de tu mente y de los apetitos que estás desarrollando. Mantente alerta; sé diligente; sé cuidadoso. Tercero, si no te cuidas y guardas tu alma diligentemente, podrías olvidar las cosas que has visto que el Señor ha hecho por ti. Podrían desaparecer de tu memoria hasta el punto de que ya no las desearás. Tu apetito por las cosas de Dios desaparecerá. Así, mientras salvaguardas tu propia mente y alma, debes enseñar las cosas que sabes de Dios a tus hijos y nietos.

El enseñar a otros te recordará constantemente lo que Dios ha hecho en tu vida. Enséñales las cosas que has visto y oído que Dios ha hecho. Porque no sólo estás ayudando a su fe, sino que te estás recordando a ti mismo el gran amor que Dios tiene por ti.

Señor, ayúdame a mantener mis pensamientos y mi vida bajo control y a recordar siempre las grandes cosas que has hecho por mí. Ayúdame a enseñar estas cosas a los demás para que puedas aumentar su fe.

Deuteronomio 8:2–7

«Y te acordarás de todo el camino por donde te ha traído Jehová tu Dios estos cuarenta años en el desierto, para afligirte, para probarte, para saber lo que había en tu corazón, si habías de guardar o no sus mandamientos. Y te afligió, y te hizo tener hambre, y te sustentó con maná, comida que no conocías tú, ni tus padres la habían conocido, para hacerte saber que no solo de pan vivirá el hombre, más de todo lo que sale de la boca de Jehová vivirá el hombre. Tu vestido nunca se envejeció sobre ti, ni el pie se te ha hinchado en estos cuarenta años. Reconoce asimismo en tu corazón, que como castiga el hombre a su hijo, así Jehová tu Dios te castiga. Guardarás, pues, los mandamientos de Jehová tu Dios, andando en sus caminos, y temiéndole. Porque Jehová tu Dios te introduce en la buena tierra, tierra de arroyos, de aguas, de fuentes y de manantiales, que brotan en vegas y montes».

Este es un pasaje bíblico difícil de orar porque requiere un reconocimiento de nuestros defectos. Para entonces, la generación más joven de israelitas estaba acampada en el valle del Jordán, cerca de Zuf, y el Señor hizo una pausa para explicar algunos puntos importantes. A través de Moisés, el Señor dijo al pueblo: «Tienen que recordar que fui yo quien los guió por el desierto».

Los israelitas se dieron cuenta por primera vez de que Dios había estado con ellos durante su periodo de cuarenta años en el desierto. Pero, siendo sólo niños cuando la generación mayor se negó a entrar en la tierra prometida, es posible que se preguntaran por qué Dios les hizo permanecer tanto tiempo en el desierto. Explicó que era para poder hacerlos humildes y probarlos para saber si guardarían o no sus mandamientos.

¡Ay! Dios te lleva a través del desierto para que él pueda ver si eres auténtico. Está esperando a ver si vas a confiar en él o si vas a intentar hacer las cosas a tu manera. Si eres sincero, debes admitir que esa afirmación es difícil de digerir. Por otro lado, el simple hecho de que estés leyendo esto, ya sea en las Escrituras o en este libro, demuestra que aún lo estás buscando.

Siempre podemos aprender un poco más de humildad, y nada la hace resaltar más que una experiencia en el desierto. Pero es la experiencia del desierto la que nos enseña a depender de un Dios que sabe cuidarnos mejor de lo que podríamos cuidarnos nosotros mismos. Es la prueba en el desierto que nos permite acceder a la buena tierra que el Señor nos ha preparado. El versículo 3 describe cómo los hizo humildes: tenían hambre, así que les proporcionó maná milagroso. Tenían sed, y les dio agua. No tenían dónde conseguir ropa ni calzado, pero, sorprendentemente, su ropa no se desgastó y ni sus pies se ampollaron. El Señor nos recuerda: «Como un padre amoroso castiga a su hijo, así os castigo yo a vosotros. Así que procurad andar por mis caminos y rendidme la debida reverencia».

Y el versículo final de este pasaje es, por supuesto, nuestra parte favorita: «Porque Jehová tu Dios te introduce en la buena tierra». El versículo 16 añade: «afligiéndote y probándote, para a la postre hacerte bien». ¡Así que no te des por vencido! Dios está contigo en el desierto. Será duro, pero Él está ahí liderando el camino. Él satisface tus necesidades y te sustenta. Cuando hayas superado la prueba, él te sacará del desierto. Sabrás sin duda que caminas por su camino y que has puesto tu confianza en él. Así que prepárate. ¡Tu vida está a punto de ser increíble porque el maestro sabe que puede confiar en ti!

Señor, reconozco que me guiaste a través de mi desierto, y te estoy agradecido. Gracias por humillarme, probarme y discernir mis actitudes. Oro por haber pasado la prueba del desierto. No estoy aquí para recibir bendiciones, pero deseo todo lo que tienes para mí. La vida que has planeado para mí es mucho más grande de lo que puedo imaginar. Quiero esa vida, Señor.

Deuteronomio 11:12

«Tierra de la cual Jehová tu Dios cuida; siempre están sobre ella los ojos de Jehová tu Dios, desde el principio del año hasta el fin».

Te pido que me lleves a una tierra en la que tú eres el jardinero. Que tú cuidas personalmente y vigilas durante todo el año. Es un buen lugar, y es tu divina voluntad para mi vida.

Deuteronomio 28:1–14

«Acontecerá que si oyeres atentamente la voz de Jehová tu Dios, para guardar y poner por obra todos sus mandamientos que yo te prescribo hoy, también Jehová tu Dios te exaltará sobre todas las naciones de la tierra. Y vendrán sobre ti todas estas bendiciones, y te alcanzarán, si oyeres la voz de Jehová tu Dios.

Bendito serás tú en la ciudad, y bendito tú en el campo. Bendito el fruto de tu vientre, el fruto de tu tierra, el fruto de tus bestias, la cría de tus vacas y los rebaños de tus ovejas. Benditas serán tu canasta y tu artesa de amasar. Bendito serás en tu entrar, y bendito en tu salir. Jehová derrotará a tus enemigos que se levantaren contra ti; por un camino saldrán contra ti, y por siete caminos huirán de delante de ti. Jehová te enviará su bendición sobre tus graneros, y sobre todo aquello en que pusieres tu mano; y te bendecirá en la tierra que Jehová tu Dios te da. Te confirmará Jehová por pueblo santo suyo, como te lo ha jurado, cuando guardares los mandamientos de Jehová tu Dios, y anduvieres en sus caminos. Y verán todos los pueblos de la tierra que el nombre de Jehová es invocado sobre ti, y te temerán. Y te hará Jehová sobreabundar en bienes, en el fruto de tu vientre, en el fruto de tu bestia, y en el fruto de tu tierra, en el país que Jehová juró a tus padres que te había de dar. Te abrirá Jehová su buen tesoro, el cielo, para enviar la lluvia a tu tierra en su tiempo, y para bendecir toda obra de tus manos. Y prestarás a muchas naciones, y tú no pedirás prestado. Te pondrá Jehová por cabeza, y no por cola; y estarás encima solamente, y no estarás debajo, si obedecieres los mandamientos de Jehová tu Dios, que yo te ordeno hoy, para que los guardes y cumplas, y si no te apartares de todas las palabras que yo te mando hoy, ni a diestra ni a siniestra, para ir tras dioses ajenos y servirles».

Deuteronomio 28 es uno de los mejores capítulos de bendición esbozados en las Escrituras. Comienza con el precalificado: «Si obedecéis con diligencia la voz del Señor, vuestro Dios, observando cuidadosamente todos sus mandamientos que yo os prescribo hoy, el Señor, vuestro Dios, os pondrá en alto sobre todas las naciones de la tierra» (Deut. 28: 1, NKJV *New King James Version* [Nueva Versión Reina Valera; traducción literal, ya que esta versión de la Biblia no se encuentra disponible en español]. Todo depende de que simplemente escuches la voz y los mandamientos de

Dios. Si puedes hacerlo, las cosas se pondrán muy bien a partir de ahí, ¡porque la Biblia dice que las bendiciones descritas en este capítulo te alcanzarán! Él derramará tantas bendiciones que desbordarán por encima y más allá de lo que necesitas. Me encanta la forma en que está redactado. Parece como si ni tú ni nadie pudiera hacer nada para detener el flujo de bendiciones. ¡Te alcanzarán como la marea que sube!

Examinemos algunas de las bendiciones esbozadas en este capítulo. Cada una de ellas pertenece a los israelitas y a su vida en los tiempos bíblicos. Sin embargo, voy a dar mi interpretación de cómo estas bendiciones pueden aplicarse a nuestras vidas hoy en día.

«Bendito serás tú en la ciudad, y bendito tú en el campo». Esto se puede implementar de diversas maneras. Primero, reclama tu ciudad en el nombre de Jesús y la cosecha que Dios va a dar. En segundo lugar, cualquiera que sea tu trabajo, ya sea «trabajo urbano» o «trabajo de campo», serás bendecido.

Declaro bendiciones para mi ciudad y mi cosecha. Y declaro bendiciones para mi lugar de trabajo.

«Bendito el fruto de tu vientre, el fruto de tu tierra, el fruto de tus bestias, la cría de tus vacas y los rebaños de tus ovejas».

Declaro bendiciones para mis hijos, mi trabajo y mis posesiones.

«Benditas serán tu canasta y tu artesa de amasar».

Declaro bendiciones sobre mis ahorros y mi futuro.

«Bendito serás en tu entrar, y bendito en tu salir».

Declaro bendiciones dondequiera que vaya a lo largo de mi vida.

«Jehová derrotará a tus enemigos que se levantaren contra ti; por un camino saldrán contra ti, y por siete caminos huirán de delante de ti».

Señor, sé que no lucho contra enemigos de carne y hueso. Por eso te pido que todo enemigo espiritual sea herido por ti y que el enemigo huya ante mí por siete caminos.

«Jehová te enviará su bendición sobre tus graneros, y sobre todo aquello en que pusieres tu mano; y te bendecirá en la tierra que Jehová tu Dios te da».

Te pido que derrames tus bendiciones sobre cada una de las áreas de mi vida.

«Te confirmará Jehová por pueblo santo suyo, como te lo ha jurado, cuando guardares los mandamientos de Jehová tu Dios, y anduvieres en sus caminos. Y verán todos los pueblos de la tierra que el nombre de Jehová es invocado sobre ti, y te temerán».

Que tus bendiciones sobre mí tengan un sólo propósito: enaltecer tu nombre. Que estas bendiciones hagan que las personas te admiren.

«Y te hará Jehová sobreabundar en bienes, en el fruto de tu vientre, en el fruto de tu bestia, y en el fruto de tu tierra, en el país que Jehová juró a tus padres que te había de dar».

Una vez más, declaro tus bendiciones sobre mis hijos, mi trabajo, mis posesiones y mi tierra.

«Te abrirá Jehová su buen tesoro, el cielo, para enviar la lluvia a tu tierra en su tiempo, y para bendecir toda obra de tus manos. Y prestarás a muchas naciones, y tú no pedirás prestado. Te pondrá Jehová por cabeza, y no por cola; y estarás encima solamente, y no estarás debajo, si obedecieres los mandamientos de Jehová tu Dios, que yo te ordeno hoy, para que los guardes y cumplas».

Declaro buenos tesoros, lluvia a su debido tiempo, bendiciones sobre mi trabajo y posiciones de prominencia para tu reino. Haz de mí la cabeza y no la cola; por encima y no por debajo. Seguiré tus mandamientos. Gracias, Jesús.

Deuteronomio 30:6

«Y circuncidará Jehová tu Dios tu corazón, y el corazón de tu descendencia, para que ames a Jehová tu Dios con todo tu corazón y con toda tu alma, a fin de que vivas».

La circuncisión de Abraham simbolizaba su «compromiso pactado con el Señor: que sólo el Señor sería su Dios, en quien confiaría y a quien serviría». Así, Abraham se puso «a sí mismo, a su descendencia y todo lo que poseía al servicio del Señor» (Nota de la Biblia de Estudio NVI sobre Génesis 17:10).

Circuncida mi corazón, Dios, para que pueda amarte con todo lo que tengo.

Deuteronomio 30:14–16

«Porque muy cerca de ti está la palabra, en tu boca y en tu corazón, para que la cumplas. Mira, yo he puesto delante de ti hoy la vida y el bien, la muerte y el mal; porque yo te mando hoy que ames a Jehová tu Dios, que andes en sus caminos, y guardes sus mandamientos, sus estatutos y sus decretos, para que

vivas y seas multiplicado, y Jehová tu Dios te bendiga
en la tierra a la cual entras para tomar posesión de
ella».

**Que tu palabra esté en mi boca y en mi corazón para
que pueda elegir la vida y el buen camino. Andaré por
tus caminos para que multipliques mi vida.**

Deuteronomio 30:20
«Amando a Jehová tu Dios, atendiendo a su voz, y
siguiéndole a él; porque él es vida para ti, y
prolongación de tus días; a fin de que habites sobre la
tierra que juró Jehová a tus padres, Abraham, Isaac y
Jacob, que les había de dar».

**Quiero amarte, obedecer tu voz y aferrarme a ti,
¡porque tú eres la vida!**

Deuteronomio 32:4
«Él es la Roca, cuya obra es perfecta,
Porque todos sus caminos son rectitud;
Dios de verdad, y sin ninguna iniquidad en él;
Es justo y recto».

Señor, tú eres perfecto e inmutable. Eres inmaculado.

Tú juzgas con justicia y rectitud. Siempre eres recto.

JOSUÉ

Josué 1:1–3

«Aconteció después de la muerte de Moisés siervo de
Jehová, que Jehová habló a Josué hijo de Nun,
servidor de Moisés, diciendo: Mi siervo Moisés ha
muerto; ahora, pues, levántate y pasa este Jordán, tú
y todo este pueblo, a la tierra que yo les doy a los
hijos de Israel. Yo os he entregado, como lo había
dicho a Moisés, todo lugar que pisare la planta de
vuestro pie».

Lamentablemente, llegará el momento en que la
generación que te precede fallecerá. Esto es lo que
ocurrió en el caso de Moisés y Josué.

Muchos estudiosos de la Biblia se han
preguntado quién escribió la esquela de Moisés en
Deuteronomio 34: ¿el propio Moisés? ¿Eleazar, el
sucesor de Aarón como sumo sacerdote? ¿Samuel,
amado profeta de Dios? ¿Esdras, escriba experto en la
ley de Moisés? Sin embargo, la mayoría de los
comentaristas y la tradición judía coinciden en que las
pruebas apuntan a Josué como autor de

Deuteronomio 34. En todo caso, me parece poco probable que el hombre más manso de la tierra escriba sobre sí mismo: «Desde entonces no volvió a surgir en Israel otro profeta como Moisés, con quien el Señor tenía trato directo. Solo Moisés hizo todas aquellas señales y prodigios que el Señor le mandó realizar en Egipto ante el faraón, sus funcionarios y todo su país. Nadie ha demostrado jamás tener un poder tan extraordinario, ni ha sido capaz de realizar las proezas que hizo Moisés ante todo Israel». (Deut. 34:10–12, NVI).

Tras la muerte de Moisés, el liderazgo del pueblo de Dios recayó sobre Josué. Este joven conocía muy bien la magnitud de esa tarea, pues había servido al lado de Moisés durante muchos años. Admiraba a Moisés; ¿cómo podría Josué estar a la altura de la reputación de su predecesor?

Aceptémoslo: Josué no era Moisés. Pero, afortunadamente, no dejó que la promesa muriera con Moisés. El Señor le habló a Josué: «Moisés ha muerto, así que es hora de que te levantes y te aferres a la promesa, y yo te daré la tierra. Todo lugar que toque tu pie pertenecerá a Israel, tal como se lo prometí a Moisés».

De igual manera, cada generación debe asumir responsabilidades tras la muerte de grandes hombres y mujeres de Dios. La clave es no dejar morir la promesa; ¡es hora de que la siguiente generación se levante y posea la tierra! Como veremos más adelante, Josué siguió adelante con promesas que Moisés nunca recibió, no porque Josué fuera más grande, sino porque construyó sobre los cimientos que Moisés había establecido.

Señor, ayúdame a levantarme cuando llegue el momento en que mi generación deba dar un paso al frente. Honro la herencia de tus siervos de la última generación, pero no permitas que tu promesa muera con ellos. Ayúdame a tomar nuevos territorios para tu reino, tal como hicieron los que me precedieron.

Josué 1:8–9

«Nunca se apartará de tu boca este libro de la ley, sino que de día y de noche meditarás en él, para que guardes y hagas conforme a todo lo que en él está escrito; porque entonces harás prosperar tu camino, y todo te saldrá bien. Mira que te mando que te esfuerces y seas valiente; no temas ni desmayes, porque Jehová tu Dios estará contigo en dondequiera que vayas».

Señor, que tu palabra esté siempre en mi boca. Permite que pueda meditarla y estudiarla día y noche. Permíteme observar y hacer todas las cosas que has dicho. Ayúdame a ser fuerte y valiente por ti, a no tener jamás miedo ni desaliento. Acompáñame dondequiera que vaya, porque entonces mi camino será próspero y tendré gran éxito en todo lo que me proponga a realizar por ti.

Josué 14:11–12
«Todavía estoy tan fuerte como el día que Moisés me envió; cual era mi fuerza entonces, tal es ahora mi fuerza para la guerra, y para salir y para entrar. Dame, pues, ahora este monte...»

Este pasaje incrustado en medio del libro de Josué es la petición, casi una exigencia, de Caleb a Josué cuando estaba repartiendo la tierra para la herencia de los israelitas. Estos dos hombres habían estado entre los líderes israelitas que Moisés había elegido para espiar la tierra de Canaán. Habían regresado llenos de entusiasmo y afán, dispuestos a emprender la batalla para derrocar a las naciones cananeas y poseer la tierra. Habían compartido la decepción cuando los otros diez espías desalentaron al pueblo y los hicieron desistir de entrar a la tierra prometida. Josué y Caleb fueron los únicos dos hombres de su edad que sobrevivieron a la estancia de cuarenta años en el desierto, y participaron en las batallas para tomar el nuevo territorio para Israel. La siguiente oración es única porque quiero incluir una parte de la petición de Caleb a Josué. Caleb declaró que, aunque era un anciano, para ser exactos tenía ochenta y cinco años, sus fuerzas eran las mismas que tenía cuando Moisés lo envió a espiar la tierra. Él dijo: «Me queda una batalla por luchar. Déjame ir y tomar esta montaña como mi herencia».

Frecuentemente son los jóvenes los que luchan en el Espíritu y los ancianos los que se sientan y dan gracias a Dios por sus victorias pasadas. Sin

81

embargo, quiero ser como Caleb y decir que sigo siendo fuerte. ¡Seguiré luchando por lo que Dios ha prometido!

Señor, dame fuerza divina para que, incluso cuando sea viejo, pueda seguir yendo a la guerra por tu reino. Hasta mi último día, quiero luchar por mi familia, mi iglesia y la herencia que me has prometido.

Josué 23:6–8

«Esforzaos, pues, mucho en guardar y hacer todo lo que está escrito en el libro de la ley de Moisés, sin apartaros de ello ni a diestra ni a siniestra; para que no os mezcléis con estas naciones que han quedado con vosotros, ni hagáis mención ni juréis por el nombre de sus dioses, ni los sirváis, ni os inclinéis a ellos. Mas a Jehová vuestro Dios seguiréis, como habéis hecho hasta hoy».

Este pasaje puede parecer igual a cualquier otro pasaje que dice: «sigue los mandamientos de Dios»; sin embargo, lo que me gustaría destacar aquí es el contexto. Josué sabía que su tiempo en la tierra llegaba a su fin, así que reunió a los ancianos y líderes de Israel para pronunciar sus últimas palabras. Recordó cómo Dios les había concedido un gran éxito al expulsar a los malvados habitantes de Canaán y describió cómo se repartió la tierra a cada tribu como su herencia. Luego los amonestó: «Esforzaos, pues, mucho en guardar y hacer todo lo que está escrito en el libro de la ley de Moisés, sin apartaros de ello ni a diestra ni a siniestra». Advirtió contra la asociación con el resto del pueblo de Canaán y contra la adoración de sus dioses. Les exhortó: «Mas a Jehová vuestro Dios seguiréis, como habéis hecho hasta hoy».

La palabra hebrea para seguir significa «aferrarse o adherirse; figuradamente, atrapar por persecución». La triste verdad es que Israel no se aferró al Señor. De hecho, durante siglos su deseo de ser como las naciones vecinas fue tan grande que se apartaron de Jehová y persistieron en su búsqueda de dioses paganos. Era difícil seguir aferrándose a Dios una vez que las batallas habían terminado y habían recibido su herencia. No había necesidad de depender de Dios, no necesitaban maná porque la tierra de Canaán producía abundantes cosechas; no necesitaban agua de la Roca porque en Canaán abundaban las fuentes, los manantiales y los arroyos. Este es, desgraciadamente, el doble filo de la victoria.

La victoria te ha sido prometida en el nombre de Jesús. Dios quiere cumplir cada promesa que ha declarado sobre tu vida. Sin embargo, debes permanecer valeroso después de la victoria porque el enemigo sabe que bajarás la guardia en el resplandor posterior. No seas como el mundo que te rodea. Sigue las palabras que Dios ha declarado. Puede que no te sientas tan dependiente de Dios en la cima de la montaña, pero protégete. No te desvíes ni a la derecha ni a la izquierda. Aférrate a Jesús ya sea que estés caminando en victoria o persiguiendo apasionadamente tu promesa.

Señor, permíteme seguirte incluso después de haber recibido mi herencia y mi promesa. No permitas que me vuelva al mundo en medio de mi victoria. Quiero servirte tan diligentemente en la cima de la montaña como lo hice en el valle.

JUECES

Jueces 2:10

«Y toda aquella generación también fue reunida a sus padres. Y se levantó después de ellos otra generación que no conocía a Jehová, ni la obra que él había hecho por Israel».

Te pido que la generación que me suceda te conozca. Permíteme entrenar, enseñar y contar historias de lo que has hecho para que la siguiente generación pueda conocerte y experimentar hazañas aún mayores.

Jueces 6:37

«He aquí que yo pondré un vellón de lana en la era; y si el rocío estuviere en el vellón solamente, quedando seca toda la otra tierra, entonces entenderé que salvarás a Israel por mi mano, como lo has dicho».

La expresión «esquilmar a Dios» tiene su origen en este pasaje bíblico. Esquilmar a Dios es pedirle que te dé una señal para verificar una promesa que ya te ha hecho, o para verificar su dirección en tu vida. La mayoría de las veces la frase tiene una connotación negativa, y estoy de acuerdo: esquilmar a Dios no debería ser nuestra práctica habitual. Ciertamente no es necesario esquilmar para seguir su palabra u obtener las promesas expuestas en ella.

Cuando se trata de las promesas que nos han sido hechas por otras fuentes además de la Biblia, debemos seguir primero las indicaciones de nuestro pastor. Más allá de eso, debemos aprender a escuchar la voz de Dios por nosotros mismos. ¿Ha habido ocasiones en las que le he pedido a Dios una señal? Sí. ¿Es la regla? No. Me atrevería a decir que Gedeón necesitaba una señal porque carecía de fe. Ya había visto a un ángel, pero aun así pidió una señal.

Dicho esto, esquilmar a Dios o pedirle una determinada señal no es del todo malo. Gedeón lo hizo, y Dios accedió a su petición. Por lo tanto, es aceptable en determinados contextos, pero no siempre. Así que mi oración de esta porción de las Escrituras es así:

Señor, quiero oír tu voz con más claridad y tener fe en que lo que dices es verdad. Pero si hay un área en la que no puedo discernir plenamente tu voz, te pido que me muestres una señal para saber que estás conmigo. Te lo pido porque quiero que aumente mi fe para poder discernir con mayor claridad lo que me dices. En el nombre de Jesús.

Jueces 16:28

«Entonces clamó Sansón a Jehová, y dijo: Señor Jehová, acuérdate ahora de mí, y fortaléceme, te ruego, solamente esta vez, oh Dios, para que de una vez tome venganza de los filisteos por mis dos ojos».

Este pasaje abre el último capítulo de la vida de Sansón. Sansón había sido ungido por Dios, pero había roto su voto y había pecado. Los filisteos le sacaron los ojos, lo raparon, lo encarcelaron y lo encadenaron a un molino. El trabajo en el molino era un trabajo forzado que solían hacer los esclavos. A los esclavos les sacaban los ojos para que no se distrajeran de su monótono trabajo. Sorprendentemente, la crueldad de los filisteos hacia Sansón se convirtió en una bendición gracias a este versículo: «Y el cabello de su cabeza comenzó a crecer, después que fue rapado». (Jueces 16:22). El cabello sin cortar de Sansón había sido el símbolo de su voto a Dios. Cuando lo raparon, rompió su voto y perdió su fuerza. Pero a medida que su cabello crecía, también lo hacía su arrepentimiento. A medida que pasaban los meses y su cabello crecía, se reconciliaba con Dios mediante el arrepentimiento. Y su fuerza creció junto con su cabello. Al final, Sansón obtuvo para Dios una victoria mayor a la que había logrado durante toda su vida.

Incluso después de haber pecado, si clamas a Dios, Él te responderá. Dios no se apartará de un corazón arrepentido y contrito. Dios no ha terminado contigo mientras tú no hayas terminado con él.

Señor, me arrepiento de cualquier pecado en mi vida. Te ruego que me lleves de vuelta a donde una vez estuve en ti. Acuérdate de mí, Jesús. Fortaléceme para que pueda servirte de nuevo.

RUT

Rut 1:14–16

«Y ellas alzaron otra vez su voz y lloraron; y Orfa besó a su suegra, mas Rut se quedó con ella. Y Noemí dijo: He aquí tu cuñada se ha vuelto a su pueblo y a sus dioses; vuélvete tú tras ella. Respondió Rut: No me ruegues que te deje, y me aparte de ti; porque a dondequiera que tú fueres, iré yo, y dondequiera que vivieres, viviré. Tu pueblo será mi pueblo, y tu Dios mi Dios».

Esta escena tiene lugar en Moab, donde Elimelec había llevado a su esposa, Noemí, y a sus dos hijos para escapar de la hambruna en Israel. Eran judíos temerosos de Dios que adoraban a Jehová. Tras la muerte de Elimelec y sus dos hijos, Noemí se quedó con las viudas de sus hijos, Rut y Orfa. Las jóvenes eran moabitas y, como tales, no tenían ningún parentesco ni vínculo espiritual con Noemí. Las familias de estas jóvenes no servían a Jehová; adoraban al dios moabita, Quemos. Y, por insistencia de Noemí, las muchachas no tenían ninguna obligación de quedarse con su suegra judía. Por ese entonces, Noemí se enteró de que la hambruna en Israel había terminado, y quiso regresar a Belén.

Noemí informó sus planes a sus nueras y las instó a regresar con sus propias familias. Pero Rut «siguió» a Noemí y se negó a abandonarla. Ella dijo: «porque a dondequiera que tú fueres, iré yo, tu pueblo será mi pueblo, y tu Dios mi Dios». Siguió a Noemí, aprendió de ella, le pidió consejo y cuidó de ella a partir de ese momento.

Si eres nuevo en la fe, esta es una oración poderosa para hacer. Habrá momentos en que el hambre parece golpear y todo parece ir mal. Es en esos momentos cuando debes buscar una Noemí, alguien que sepas que nunca va a abandonar la verdad. Busca a una persona a la que puedas seguir como lo hizo Rut. Busca a alguien que te lleve a una comprensión más profunda de Jesucristo y te muestre cómo mantenerte fuerte a través de las dificultades. Todos debemos buscar una Noemí que nos guíe en nuestro siguiente paso con él.

Como una nota adicional, la lealtad y obediencia de Rut a Noemí le aseguró un lugar en el linaje de Jesucristo. (Vea Mateo 1:5.) Rut ganó una herencia en el reino por seguir a su suegra temerosa de Dios. Ese es el poder de las promesas de Dios.

Señor, ayúdame a encontrar una Noemí en mi vida a la que pueda seguir y que, cuando los tiempos se pongan difíciles, no abandone tu verdad y tu palabra. Permíteme seguirlas cuando yo mismo no conozca el camino para poder profundizar en mi relación contigo. En el nombre de Jesús.

1 SAMUEL

1 Samuel 1:11

«E hizo voto, diciendo: Jehová de los ejércitos, si te dignares mirar a la aflicción de tu sierva, y te acordares de mí, y no te olvidares de tu sierva, sino que dieres a tu sierva un hijo varón, yo lo dedicaré a Jehová todos los días de su vida, y no pasará navaja sobre su cabeza».

Esta oración fue hecha por Ana, madre de Samuel. Ana, quien era estéril, deseaba desesperadamente tener un hijo, y sabía que Dios era el único que podía responder a esta oración. Así que llevó su petición al Señor. Sin embargo, no se limitó a decir: «Señor, quiero un hijo»; sino que también «hizo un voto». Prometió a Dios: «Si me das un hijo, te lo devolveré. Será tuyo».

Hoy en día, no hacemos promesas con la vida de otras personas como lo hizo Ana, pero esta oración ejemplar de Ana puede aplicarse a nuestras vidas. Hacemos nuestra petición a Dios, pero junto con nuestra petición también le entregamos el resultado. «Señor, bendíceme para que pueda bendecir tu reino.

Dame _____ para que pueda voltearlo y usarlo para ti. Si me pones en esta posición, seré una vasija a través de la cual podrás trabajar».

Dios, te pido que me des _____, y prometo utilizarlo para tu reino y gloria para que seas engrandecido a través de mí. En el nombre de Jesús.

1 Samuel 3:7–11

«Y Samuel no había conocido aún a Jehová, ni la palabra de Jehová le había sido revelada. Jehová, pues, llamó la tercera vez a Samuel. Y él se levantó y vino a Elí, y dijo: Heme aquí; ¿para qué me has llamado? Entonces entendió Elí que Jehová llamaba al joven. Y dijo Elí a Samuel: Ve y acuéstate; y si te llamare, dirás: Habla, Jehová, porque tu siervo oye. Así se fue Samuel, y se acostó en su lugar. Y vino Jehová y se paró, y llamó como las otras veces: ¡Samuel, Samuel! Entonces Samuel dijo: Habla, porque tu siervo oye. Y Jehová dijo a Samuel: He aquí haré yo una cosa en Israel, que a quien la oyere, le retiñirán ambos oídos».

Pasamos de la oración de Ana a la primera oración registrada de su hijo Samuel. En los versículos anteriores, el Señor intentaba hablar a Samuel, pero el niño no entendía que la voz que oía era la del Señor porque la palabra del Señor aún no le había sido revelada.

El primer punto que me gustaría comentar sobre este pasaje proviene del gran predicador y evangelista Billy Cole, quien dijo: «El Señor no habla a cada individuo de la misma manera, pero siempre te hablará de la misma manera». El joven Samuel aún no había aprendido la manera en que el Señor le hablaba. Este pasaje parece indicar que Dios le habló a Samuel con una voz audible, pero esta no es la forma en que le habló a todos en la Biblia. Él habló a las personas en visiones, sueños, pensamientos, palabras, ángeles del Señor, señales, profecía, zarzas ardientes, emociones profundas, y la lista continúa. La clave es aprender la manera en que el Señor nos habla.

Elí le dijo a Samuel lo que tenía que hacer: «Ve y acuéstate; y si te llamare, dirás: Habla, Jehová, porque tu siervo oye». Y eso fue exactamente lo que hizo Samuel. El Señor volvió a pronunciar el nombre de

Samuel, y Samuel respondió. Entonces el Señor continuó hablándole a Samuel. El mensaje que transmitió no es el objeto de nuestra oración, sino el hecho de que, tras la respuesta inicial del muchacho a Dios, el Señor siguió hablando.

Una vez que aprendemos a discernir la voz de Dios, nosotros también podemos iniciar esta comunicación con él. Merriam-Webster.com define la comunicación como «el acto o proceso de utilizar palabras, sonidos, signos o comportamientos para expresar o intercambiar información, o para expresar tus ideas, pensamientos, sentimientos, etc., a otra persona». [Traducción literal, ya que este diccionario no posee una versión en español].

Si siempre estás hablando con Dios y nunca escuchas nada como respuesta, eso no es comunicación, es oración. Pero como orar es hablarle y pedirle, vas por buen camino, pero aún hay más. ¡Puedes aprender la manera en que Dios te habla! Y una vez hayas aprendido, hazle saber que entiendes su voz y que estás dispuesto a escuchar y recibir su palabra como siervo.

Señor, ayúdame a discernir la manera en que me hablas. Y una vez que haya conocido tu voz, responderé como tu siervo para que continúes hablándome.

1 Samuel 17:32–37

« Y dijo David a Saúl: No desmaye el corazón de ninguno a causa de él; tu siervo irá y peleará contra este filisteo. Dijo Saúl a David: No podrás tú ir contra aquel filisteo, para pelear con él; porque tú eres muchacho, y él un hombre de guerra desde su juventud. David respondió a Saúl: Tu siervo era pastor de las ovejas de su padre; y cuando venía un león, o un oso, y tomaba algún cordero de la manada, salía yo tras él, y lo hería, y lo libraba de su boca; y si se levantaba contra mí, yo le echaba mano de la quijada, y lo hería y lo mataba. Fuese león, fuese oso, tu siervo lo mataba; y este filisteo incircunciso será como uno de ellos, porque ha provocado al ejército del Dios viviente. Añadió David: Jehová, que me ha librado de las garras del león y de las garras del oso, él también me librará de la mano de este filisteo. Y dijo Saúl a David: Ve, y Jehová esté contigo».

Goliat era un desafío aparentemente insuperable para todos los hombres del campamento israelita; es decir, todos los hombres excepto un joven civil llamado David, quien estaba allí visitando a sus hermanos. ¿Por qué Goliat no fue un desafío insuperable para David? Porque la historia del joven no comenzó en el campamento israelita, sino en el pasto. Comenzó con pequeñas luchas que entrenaron al joven pastor para esta batalla culminante. Y cuando todos dijeron que David no podría derrotar a Goliat, el joven pastor supo qué decir. «Si este siervo de Su Majestad ha matado leones y osos, lo mismo puede hacer con ese filisteo pagano, porque está desafiando al ejército del Dios viviente». (1 Sam. 17:36, NVI).

David no permitió que otros lo desanimaran porque contaba con victorias pasadas en su arsenal. David también sabía que era Dios quien lo había librado antes, y era Dios quien lo haría de nuevo. «El Señor, que me libró de las garras del león y del oso, también me librará del poder de ese filisteo». (1 Sam. 17:37, NVI).

Esta es una oración de determinación y dependencia; si ya lo has conseguido antes, Dios te sacará adelante de nuevo. Solo recuerda que es obra del Señor y no tuya. Él necesita tu fe, y si puedes dársela, obrará a tu favor.

Señor, recuérdame que ya me has librado de pruebas en el pasado. Y aunque ésta sea más grande que nunca, sé que puedes librarme y que lo harás de nuevo.

1 Samuel 30:8

«Y David consultó a Jehová, diciendo: ¿Perseguiré a estos merodeadores? ¿Los podré alcanzar? Y él le dijo: Síguelos, porque ciertamente los alcanzarás, y de cierto librarás a los cautivos».

David y sus hombres huían de Saúl y vivían con sus familias en la ciudad filistea de Siclag. Los filisteos se reunieron para presentar batalla a Israel, lo que ponía a David y a sus hombres en una situación incómoda. Los príncipes de los filisteos se opusieron a la idea de luchar junto a David y sus hombres, temiendo que se volvieran contra ellos en la batalla. Enviaron a los hebreos a casa, a Siclag.

Al regresar a Siclag, los hombres de David descubrieron que los amalecitas habían saqueado e incendiado sus casas y se habían llevado cautivos a sus esposas e hijos. Lo peor de lo peor acababa de ocurrir a pesar de que David y sus hombres estaban tratando de hacer todo lo posible por Dios e Israel. La devastación de los hombres de David fue tan grande que la Biblia dice que querían apedrear a David. Pero aunque el suplicio de David era tan traumático como el de ellos, supo qué hacer: consultó al Señor. «¿Qué debo hacer ahora? ¿Debo perseguir a los amalecitas? Y si lo hago, ¿podré alcanzarlos?». Dios le respondió: «Sí, ve tras ellos y seguro que los alcanzarás. No solo eso, sino que recuperarás todo lo que has perdido». Y eso fue exactamente lo que sucedió.

Habrá momentos en los que te parecerá que lo único que quieres es rendirte y morir. Pero ese no es el plan de Dios para tu vida. Búscalo. Consúltale. Pregúntale qué quiere que hagas. Y gracias a tu obediencia a su guía, lo recuperarás todo.

Señor, ayúdame a aprender a consultarte en mis momentos más difíciles. Con tu palabra, perseguiré y recuperaré todo lo que he perdido.

2 SAMUEL

2 Samuel 1:12

«Y lloraron y lamentaron y ayunaron hasta la noche,
por Saúl y por Jonatán su hijo, por el pueblo de
Jehová y por la casa de Israel, porque habían caído a
filo de espada».

David hizo esta oración al enterarse de la muerte de
Saúl y Jonatán durante una sangrienta batalla contra
los filisteos. David había sufrido mucho a manos de
Saúl; el rey reincidente y trastornado había pasado los
últimos años de su reinado persiguiendo a David con la
intención de matarlo. Aun así, David demostró su
profundo respeto por el ungido de Dios; Saúl fue
entregado en sus manos dos veces, pero David se negó
a matarlo.

Necesitamos aprender este tipo de respeto
en nuestras propias vidas. Los que están en el
ministerio pueden herirnos, ofendernos o
maltratarnos. Pero los ministros son humanos, y los
humanos tienen defectos. Eso no excusa el mal
comportamiento de los ministros, porque sus

cualificaciones son numerosas: deben ser intachables, vigilantes, sobrios, hospitalarios, aptos para enseñar, humildes, de buena reputación, lentos para la ira, santos y con dominio propio, por nombrar algunos. (Vea 1 Tim. 3:2–7; Tito 1:6–7.) Pero las situaciones complicadas o difíciles a veces hacen que estos rasgos admirables se desvanezcan, y parece como si tuviéramos un Saúl en nuestra vida. Ese tipo de problema no desaparece de la noche a la mañana; se extiende y se prolonga, a veces poniéndonos en peligro la reputación (es decir, la difamación), las heridas y la supervivencia espiritual de nosotros mismos, de nuestras familias y de quienes nos siguen. Si nos encontramos en una situación similar, deberíamos seguir las acciones de David. Este joven íntegro mantenía las distancias con Saúl, pero amaba y respetaba al rey ungido de Israel simplemente porque era el recipiente elegido por Dios. Para más información sobre este tema, lee *Perfil de tres monarcas: Saúl, David y Absalón*, de Gene Edwards. Te cambiará la vida.

Señor, no permitas que me alegre del sufrimiento de mi pastor o de cualquier otra persona en el ministerio. Más bien, permíteme orar por aquellos que me han agraviado, pues ellos son tus vasijas escogidas. Cuando me enfrento a un dilema como el de David, sé que no podré arreglar la situación, así que dependo de ti para resolverlo. Confío en que harás lo correcto. Te confío mi vida y la de mi familia y seguidores. En el nombre de Jesús.

2 Samuel 11:1

«Aconteció al año siguiente, en el tiempo que salen los reyes a la guerra, que David envió a Joab, y con él a sus siervos y a todo Israel, y destruyeron a los amonitas, y sitiaron a Rabá; pero David se quedó en Jerusalén».

Este pasaje está lleno de presagios porque es el comienzo de la gran caída de David. David era un hombre conforme al corazón de Dios; sin embargo, mucho tiempo después de su muerte, el autor de I Reyes dijo de él: «Porque David había hecho lo que agrada al Señor, y en toda su vida no había dejado de cumplir ninguno de los mandamientos del Señor, excepto en el caso de Urías el hitita». (1 Reyes 15:5, NVI).

La raíz de esta caída se registra en 2 Samuel 11:1. Cuando llegó la hora de que los reyes fueran a la batalla, David se quedó en casa. Se quedó en el palacio. Se recostó en la cama. Estaba ocioso y aburrido. No sabemos si sintió que ya había librado suficientes batallas, si el orgullo se había apoderado de él o si simplemente le dio pereza. Todo lo que sabemos es que cuando el resto del ejército fue a luchar, él se quedó en casa.

David había sido una persona poderosa y honorable desde su juventud. Pero en este caso, se alejó de la responsabilidad, se entretuvo, y finalmente cayó en pecado con la esposa de Urías el hitita, un hombre que estaba en el campo de batalla donde David debería haber estado.

Que esto nos sirva de lección: Nunca dejes de luchar. Nunca dejes de asistir a reuniones de oración, tener estudios bíblicos, leer la palabra o ir a la iglesia. Cuando el pastor diga que es hora de ir a la batalla, más vale que estés allí, ¡especialmente si eres el pastor o un líder de la iglesia!

Señor, cuando llegue la batalla, quiero estar en medio de ella. Y a medida que adquiera más experiencia en vivir para ti, ayúdame a no bajar la guardia. Dame la pasión que tenía cuando te amé por primera vez.

2 Samuel 12:13

«Entonces dijo David a Natán: Pequé contra Jehová. Y Natán dijo a David: También Jehová ha remitido tu pecado; no morirás».

El profeta Natán reprendió a David por su pecado con Betsabé. Para encubrir su pecado, David había firmado y sellado la sentencia de muerte de Urías y dijo que se le entregara a Joab, comandante de las fuerzas israelíes. Por instrucciones de David, Joab se había asegurado de que Urías muriera durante el intento de tomar una ciudad amonita.

El profeta Natán vino y le contó a David una parábola sobre un hombre rico que había confiscado el preciado cordero de un pobre para alimentar a sus propios comensales, en lugar de seleccionar uno de sus propios rebaños. David indignado indicó: «¡El hombre que hizo esto debe morir!» Natán lo acusó audazmente y dijo: «¡Tú eres el hombre!». David podría haber respondido como el rey Saúl; podría haber rechazado la palabra de Dios. Pero a pesar de que David había pecado, seguía siendo un hombre conforme al corazón de Dios. Amaba al Señor y se arrepintió. Reconoció que había pecado. Y aunque hubo consecuencias, el Señor lo perdonó. «Si confesamos nuestros pecados, él es fiel y justo para perdonar nuestros pecados, y limpiarnos de toda maldad». (1 Juan 1:9).

Confieso mis pecados ante ti, Señor. No seré altanero ni orgulloso cuando el hombre de Dios señale el pecado en mi vida. Me arrepentiré ante ti.

2 Samuel 12:20

«Entonces David se levantó de la tierra, y se lavó y se ungió, y cambió sus ropas, y entró a la casa de Jehová, y adoró. Después vino a su casa, y pidió, y le pusieron pan, y comió».

Este versículo dice mucho sobre el carácter de David. Había pecado. Había sido reprendido. Luego su hijo con Betsabé murió. ¿Qué fue lo que hizo? Se levantó, se lavó, se ungió, se quitó la ropa de luto, vino a la casa del Señor y adoró. Esa es la mejor y única respuesta tras el arrepentimiento y/o el castigo.

No se supone que te enfoques en tu arrepentimiento. Tampoco debes permanecer en un estado constante de «Perdóname, Señor, te he fallado». Debes seguir el ejemplo de David. Una vez te hayas arrepentido por completo, es hora de levantarte, poner una sonrisa en tu rostro y saber que has sido perdonado. Y luego ir a la casa de Dios y adorar.

Señor, una vez me haya arrepentido, ayúdame a levantarme, limpiarme y poner una sonrisa en mi rostro. No permitas que permanezca en mis heridas, mi dolor y mis consecuencias, sino permíteme venir a tu casa y adorarte.

2 Samuel 13:3

«Y Amnón tenía un amigo que se llamaba Jonadab, hijo de Simea, hermano de David; y Jonadab era hombre muy astuto».

El primogénito de David, Amnón, se enamoró de su hermanastra, Tamar, lo cual era una práctica aceptable en aquellos tiempos. Por ejemplo, cuando Amnón intentó seducir a Tamar, ella protestó: «Yo te ruego que hables con el rey; con toda seguridad, no se opondrá a que yo sea tu esposa». (2 Sam. 13:13, NVI). Amnón hizo caso omiso de esta súplica, y sus acciones posteriores fueron deplorables.

Los problemas empezaron cuando Amnón confesó su deseo por Tamar a su primo Jonadab -el problema personificado. (La RVR describe a Jonadab como «astuto», socarrón y taimado.) Jonadab dijo: «Eso es fácil. Finge estar enfermo, y cuando tu padre venga a verte, pídele que envíe a Tamar a tus aposentos para que te prepare una comida especial». David envió a la confiada Tamar a casa de Amnón, donde entró en la alcoba del joven, mezcló y amasó la masa y preparó su plato favorito. Entonces Amnón ordenó a todos los demás que salieran de la habitación, dejando a Tamar a solas con él. ¡Cualquier lector intuiría que una jugada así no tendría un buen final!

Abordaré esta historia con más detalle más adelante en la serie de relaciones; sin embargo, el aspecto importante que se desprende de este versículo es que debes elegir el tipo adecuado de amigos. No te juntes con amigos astutos e impuros. Te llevarán a tomar decisiones equivocadas, y esas decisiones te ocasionarán grandes problemas en tu vida.

Señor, te pido por los amigos íntegros en mi vida. Permíteme alejarme de amigos que me lleven por el mal camino.

2 Samuel 22:2-4

« Dijo: Jehová es mi roca y mi fortaleza, y mi libertador; Dios mío, fortaleza mía, en él confiaré; Mi escudo, y el fuerte de mi salvación, mi alto refugio; Salvador mío; de violencia me libraste. Invocaré a Jehová, quien es digno de ser alabado, Y seré salvo de mis enemigos».

Dios, tú eres mi roca, mi fortaleza y mi libertador. Siempre confiaré en ti. Tú eres mi escudo, mi salvación, mi alto refugio y mi salvador. Invocaré tu nombre, que es digno de alabanza.

2 Samuel 22:7

«En mi angustia invoqué a Jehová, Y clamé a mi Dios; Él oyó mi voz desde su templo, Y mi clamor llegó a sus oídos».

Gracias por escuchar cada uno de mis clamores en medio de mi angustia.

2 Samuel 22:21–25

«Jehová me ha premiado conforme a mi justicia; Conforme a la limpieza de mis manos me ha recompensado. Porque yo he guardado los caminos de Jehová, Y no me aparté impíamente de mi Dios. Pues todos sus decretos estuvieron delante de mí, Y no me he apartado de sus estatutos. Fui recto para con él, Y me he guardado de mi maldad; Por lo cual me ha recompensado Jehová conforme a mi justicia;

Conforme a la limpieza de mis manos delante de su

vista».

Señor, sé que me recompensarás conforme a mi justicia, así que ayúdame a aprender de tus caminos, a aceptar tus juicios y a obedecer tus estatutos durante toda mi vida. Guárdame de la iniquidad y del pecado, y límpiame ante tus ojos.

2 Samuel 22:26–31

« Con el misericordioso te mostrarás misericordioso,

Y recto para con el hombre íntegro. Limpio te

mostrarás para con el limpio, Y rígido serás para con

el perverso. Porque tú salvas al pueblo afligido, Mas

tus ojos están sobre los altivos para abatirlos. Tú eres

mi lámpara, oh Jehová; Mi Dios alumbrará mis

tinieblas. Contigo desbarataré ejércitos, Y con mi Dios

asaltaré muros. En cuanto a Dios, perfecto es su

camino, Y acrisolada la palabra de Jehová. Escudo es a

todos los que en él esperan».

Permite que sea misericordioso para poder recibir tu misericordia. Permite que sea recto para poder

recibir tu justicia. Permite que sea puro para poder recibir tu pureza. Sálvame en mi aflicción, y ayúdame a no ser orgulloso. Sé la luz en mis tinieblas, Jesús. Tus caminos son siempre perfectos, y siempre confiaré en ti.

2 Samuel 22:33–37

«Dios es el que me ciñe de fuerza, Y quien despeja mi camino; Quien hace mis pies como de ciervas, Y me hace estar firme sobre mis alturas; Quien adiestra mis manos para la batalla, De manera que se doble el arco de bronce con mis brazos. Me diste asimismo el escudo de tu salvación Y tu benignidad me ha engrandecido. Tú ensanchaste mis pasos debajo de mí, Y mis pies no han resbalado».

Tú eres mi fortaleza y mi poder. Tú haces que mi camino sea perfecto. Tú me das la fuerza para subir a lo alto. Tú adiestras mis manos para la guerra. Me has dado un escudo de salvación. Y has ensanchado mi camino para que mis pies no resbalen. ¡Gracias, Señor!

2 Samuel 22:50

«Por tanto, yo te confesaré entre las naciones, oh Jehová, Y cantaré a tu nombre».

Te doy gracias, Señor, y alabaré tu nombre en todo momento.

1 REYES

1 Reyes 2:1–3

«Llegaron los días en que David había de morir, y ordenó a Salomón su hijo, diciendo: Yo sigo el camino de todos en la tierra; esfuérzate, y sé hombre. Guarda los preceptos de Jehová tu Dios, andando en sus caminos, y observando sus estatutos y mandamientos, sus decretos y sus testimonios, de la manera que está escrito en la ley de Moisés, para que prosperes en todo lo que hagas y en todo aquello que emprendas».

Señor, permíteme escuchar a los sabios de mi vida que me dan instrucciones para mi futuro.

1 Reyes 3:9–14

«Da, pues, a tu siervo corazón entendido para juzgar a tu pueblo, y para discernir entre lo bueno y lo malo; porque ¿quién podrá gobernar este tu pueblo tan grande? Y agradó delante del Señor que Salomón pidiese esto. Y le dijo Dios: Porque has demandado esto, y no pediste para ti muchos días, ni pediste para ti riquezas, ni pediste la vida de tus enemigos, sino que demandaste para ti inteligencia para oír juicio, he aquí lo he hecho conforme a tus palabras; he aquí que te he dado corazón sabio y entendido, tanto que no ha habido antes de ti otro como tú, ni después de ti se levantará otro como tú. Y aun también te he dado las cosas que no pediste, riquezas y gloria, de tal manera que entre los reyes ninguno haya como tú en todos tus días. Y si anduvieres en mis caminos, guardando mis estatutos y mis mandamientos, como anduvo David tu padre, yo alargaré tus días».

En este pasaje, Salomón tuvo la oportunidad de pedirle cualquier cosa a Dios. Él decidió pedir sabiduría y entendimiento para juzgar al pueblo de Dios. Debido a esta impresionante petición, Dios no sólo le concedió a Salomón la sabiduría que había pedido, sino también le concedió las cosas que no había pedido: larga vida, riquezas, honor y victoria.

Santiago nos enseña que si carecemos de sabiduría, podemos pedírsela a Dios y él nos la dará generosamente sin menospreciarnos ni reprendernos por nuestra carencia. Santiago describe la sabiduría piadosa: «En cambio, la sabiduría que desciende del cielo es ante todo pura, y además pacífica, bondadosa, dócil, llena de compasión y de buenos frutos, imparcial y sincera». (Santiago 3:17, NVI). La sabiduría divina puede «abrirse paso a través de la palabrería de falsas banderas mal orientadas, para captar lo esencial de la solución de un problema» (*Forerunner Commentary* [Comentario del precursor]). Por lo tanto, la sabiduría es una de las mejores peticiones que podemos hacerle a Dios. Y cuando Él nos da sabiduría, también nos proporcionará todos los atributos piadosos que vienen con ella.

Dios, hoy te pido sabiduría en mi vida. Permíteme tener el entendimiento divino para lidiar con las personas y los problemas como tú lo harías con ellos. En el nombre de Jesús.

1 Reyes 8:26

«Ahora, pues, oh Jehová Dios de Israel, cúmplase la palabra que dijiste a tu siervo David mi padre».

Te pido que las promesas que has declarado sobre mí, mi familia y mi iglesia se hagan realidad en mi vida.

1 Reyes 12:8

«Pero él dejó el consejo que los ancianos le habían dado, y pidió consejo de los jóvenes que se habían criado con él, y estaban delante de él».

Señor, oro para que no abandone el consejo de mis mayores y favorezca el consejo de mis amigos. Respetaré la voz de mis mayores.

1 Reyes 17:9–16

«Levántate, vete a Sarepta de Sidón, y mora allí; he aquí yo he dado orden allí a una mujer viuda que te sustente. Entonces él se levantó y se fue a Sarepta. Y cuando llegó a la puerta de la ciudad, he aquí una mujer viuda que estaba allí recogiendo leña; y él la llamó, y le dijo: Te ruego que me traigas un poco de agua en un vaso, para que beba. Y yendo ella para traérsela, él la volvió a llamar, y le dijo: Te ruego que me traigas también un bocado de pan en tu mano. Y ella respondió: Vive Jehová tu Dios, que no tengo pan

117

cocido; solamente un puñado de harina tengo en la tinaja, y un poco de aceite en una vasija; y ahora recogía dos leños, para entrar y prepararlo para mí y para mi hijo, para que lo comamos, y nos dejemos morir. Elías le dijo: No tengas temor; ve, haz como has dicho; pero hazme a mí primero de ello una pequeña torta cocida debajo de la ceniza, y tráemela; y después harás para ti y para tu hijo. Porque Jehová Dios de Israel ha dicho así: La harina de la tinaja no escaseará, ni el aceite de la vasija disminuirá, hasta el día en que Jehová haga llover sobre la faz de la tierra. Entonces ella fue e hizo como le dijo Elías; y comió él, y ella, y su casa, muchos días. Y la harina de la tinaja no escaseó, ni el aceite de la vasija menguó, conforme a la palabra que Jehová había dicho por Elías».

La historia de Elías y la viuda es una gran historia de fe. Examinémosla para ver cómo podemos aplicar una oración a nuestras vidas.

En primer lugar, el versículo 9 dice que el Señor ya había ordenado a la viuda que sustentara a Elías antes de que el profeta abandonara el arroyo seco. Como Dios le había ordenado, Elías fue a Sarepta, encontró a la mujer y le pidió de beber. Ese fue el primer paso, y ella obedeció. Cuando ella se fue a buscar agua, él la llamó: «¿Puedes traerme también un bocado de pan?».

En ese momento la mujer se dio la vuelta y dijo: «Solo me queda un puñado de comida. Voy a hacer pan para mi hijo y para mí. Después de comer eso, esperaremos a morir». Elías, viendo que ella estaba en el punto de inflexión entre actuar por fe o hacer lo que parecía lógico, le dijo: «No temas. Vuelve a casa y haz lo que pensabas hacer. Pero antes prepárame un panecillo con lo que tienes, y tráemelo». Entonces el profeta añadió: «Porque así dice el Señor, Dios de Israel:» aquí viene la mejor parte «. . . No se agotará la harina de la tinaja ni se acabará el aceite del jarro, hasta el día en que el Señor haga llover sobre la tierra» (1 Reyes 17:12–14, NIV). Elías decía: «Ocúpate primero de mí, y Dios se ocupará de ti».

De esta historia se pueden deducir dos cosas. En primer lugar, cuidar del hombre o de la mujer de Dios en tu vida te abrirá bendiciones divinas, bendiciones milagrosas y providencias que sólo pueden ocurrir de la mano de Dios. En segundo lugar, ten fe, incluso cuando parezca que vas a morir. Confía en que Dios hará lo que dijo que haría. Da... anda... haz lo que Dios diga, y él proveerá.

Señor, cuidaré de tu hombre/mujer de Dios en mi vida. Los escucharé, les daré y los honraré. Y confiaré en ti. Confiaré en tu palabra y en tu voz con cada una de mis acciones. Daré lo que me digas que dé, iré adonde me digas que vaya y haré lo que me digas que haga. Y sé que tú proveerás.

1 Reyes 18:21

«Y acercándose Elías a todo el pueblo, dijo: ¿Hasta cuándo claudicaréis vosotros entre dos pensamientos? Si Jehová es Dios, seguidle; y si Baal, id en pos de él. Y el pueblo no respondió palabra».

Señor, quiero elegirte a ti. Te seguiré en todas las cosas.

1 Reyes 18:32–38

«Edificó con las piedras un altar en el nombre de Jehová; después hizo una zanja alrededor del altar, en que cupieran dos medidas de grano. Preparó luego la leña, y cortó el buey en pedazos, y lo puso sobre la leña. Y dijo: Llenad cuatro cántaros de agua, y derramadla sobre el holocausto y sobre la leña. Y dijo: Hacedlo otra vez; y otra vez lo hicieron. Dijo aún: Hacedlo la tercera vez; y lo hicieron la tercera vez, de manera que el agua corría alrededor del altar, y también se había llenado de agua la zanja. Cuando llegó la hora de ofrecerse el holocausto, se acercó el profeta Elías y dijo: Jehová Dios de Abraham, de Isaac y de Israel, sea hoy manifiesto que tú eres Dios en Israel, y que yo soy tu siervo, y que por mandato tuyo he hecho todas estas cosas. Respóndeme, Jehová, respóndeme, para que conozca este pueblo que tú, oh Jehová, eres el Dios, y que tú vuelves a ti el corazón de ellos. Entonces cayó fuego de Jehová, y consumió el holocausto, la leña, las piedras y el polvo, y aun lamió el agua que estaba en la zanja».

Elías estaba en una batalla de oración con 450 profetas de Baal y 400 profetas de Asera. El primer bando en hacer que cayera fuego ganaría, y el perdedor moriría. ¡Eso sí que era presión! Los 850 profetas invocaron a sus dioses toda la mañana, y no pasó nada. Entonces llegó el turno de Elías. Lentamente construyó su altar mientras los israelitas observaban.

Lo que hizo Elías a continuación es, para mí, uno de los movimientos más geniales de todas las Escrituras: pidió al pueblo que trajera doce barriles de agua y los vertiera sobre el sacrificio. Hay dos cosas en este acto que exigen atención: Primero, para vencer, Elías necesitaba fuego, pero estaba empapando al animal, la madera, las piedras y la zanja. Se estaba asegurando de que la gente reconociera el milagro que estaba a punto de ocurrir. Segundo, había una gran sequía en el lugar, y él había pedido una gran cantidad de agua. Tuvieron que verter sobre el altar algo que no les sobraba, con lo que el sacrificio cobró aún más sentido.

¿Qué podemos verter en el altar ante Dios? La mayoría de nosotros no tenemos que preocuparnos por la falta de agua o comida. Yo diría que nuestro sacrificio es el tiempo. En nuestro mundo, todos estamos ocupados. Estoy ocupado. Tú estás ocupado. Los padres están ocupados. Las iglesias están ocupadas. Y el tiempo es nuestro bien más preciado. Por eso digo que tenemos que poner nuestro tiempo en el altar. Dedicarle a Dios nuestro valioso tiempo demuestra que le amamos más que a nada. No hay nada más grande que pasar horas y horas con él en el cuarto de oración. Esto construirá una relación con Dios que nunca olvidarás. El tiempo es tu sacrificio.

Dios, derramo mi tiempo ante ti en el altar. Prometo pasar más tiempo contigo cada día. Quiero acercarme a ti, Jesús.

La historia no terminó ahí. Después de verter el agua sobre el altar, Elías se puso a orar: «Señor, yo soy tu siervo y he hecho todo esto por orden tuya. Escúchame, para que el pueblo sepa que tú eres el Señor y para que vuelvan a ti». El Señor respondió a esta oración de 63 palabras, como se registra en 1 Reyes 18:36-37 (NKJV *New King James Version* [Nueva Versión Reina Valera]), y el fuego cayó. La oración probablemente tomó menos de veinte segundos, y Dios respondió inmediatamente. La Biblia dice que cuando el pueblo vio el fuego, se postraron sobre sus rostros y exclamaron «¡Jehová es el Dios! ¡Jehová es el Dios!».

Elías tuvo agallas para salir y hacer esa oración frente al rey y la reina perversos, 850 profetas paganos y todo Israel. Dios *tenía* que aparecer. Si no lo hubiera hecho, Israel habría caído aún más en el pecado y Elías habría sido asesinado. Fue la oración bajo presión más grande que Elías había hecho jamás, pero la hizo.

A lo largo de tu vida, puede que tengas que hacer muchas oraciones bajo presión, y eso puede ser aterrador. Tal vez sea una oración por la sanidad de un compañero de clase o de trabajo. No me refiero a una oración silenciosa en casa, sino a una oración audaz y llena de fe allí mismo, en tu escuela. Tal vez sea una oración vocalizada en público que demuestre tu fe. Para hacer este tipo de oraciones hace falta valor, porque todo el mundo está pendiente de lo que ocurrirá. La buena noticia es que Dios no desprestigiará su reputación. Él aparecerá. No te preocupes por lo que ocurra si no se produce el milagro. Tu trabajo es orar, el trabajo de Dios es hacer el milagro. Es su reputación la que está en juego. Por eso Elías podía estar tan confiado. ¡Sabía que Dios lo respaldaría! ¡Él también te respaldará a ti!

Señor, dame la fe para orar con valentía tal como oró Elías. Quiero ver acontecimientos sobrenaturales en mi vida.

1 Reyes 18:41–45

«Entonces Elías dijo a Acab: Sube, come y bebe; porque una lluvia grande se oye. Acab subió a comer y a beber. Y Elías subió a la cumbre del Carmelo, y postrándose en tierra, puso su rostro entre las rodillas. Y dijo a su criado: Sube ahora, y mira hacia el mar. Y él subió, y miró, y dijo: No hay nada. Y él le volvió a decir: Vuelve siete veces. A la séptima vez dijo: Yo veo una pequeña nube como la palma de la mano de un hombre, que sube del mar. Y él dijo: Ve, y di a Acab: Unce tu carro y desciende, para que la lluvia no te ataje. Y aconteció, estando en esto, que los cielos se oscurecieron con nubes y viento, y hubo una gran lluvia. Y subiendo Acab, vino a Jezreel».

El mensaje de este pasaje es que uno nunca debe rendirse cuando Dios nos da una palabra. Nunca dejes de orar. Nunca te rindas aunque no haya ningún atisbo de esperanza. Nunca te rindas aunque acabes de obtener una gran victoria.

Elías acababa de obtener una victoria asombrosa. Había ganado una batalla de oración en el Monte Carmelo contra 850 falsos profetas. La gente se había postrado sobre sus rostros y adorado al único Dios verdadero. Fue un día de arrepentimiento asombroso. Pero aún quedaba más por hacer. La tierra había estado sufriendo una sequía, y después de este gran arrepentimiento Dios había declarado que era hora de que lloviera. Así que Elías, quien acababa de invocar el fuego, subió a la cima del monte a orar para que lloviera. Colocó la cara entre las rodillas y se puso a orar. Al cabo de un rato, dijo a su criado: «Ve a ver si hay nubes en el cielo». El criado volvió. «Eh, amo, no veo ninguna nube».

No se trataba de una oración de 63 palabras con una respuesta sobrenatural inmediata. Elías se había afanado mucho tiempo orando para que lloviera, y no ocurría nada. Pudo haberse enojado en ese momento. La mayoría de los humanos lo habrían hecho. Después de todo, Dios acababa de prometer que enviaría lluvia. Elías era un hombre de Dios. ¿Por qué no llovió justo después de su primera oración? Pero la reacción de Elías revela uno de los más grandes principios de las Escrituras. Se limitó a decir: «Ve a ver de nuevo». Siete veces envió al siervo a buscar nubes de lluvia.

Santiago nos proporciona un poco más de información sobre esta historia. Elías no sólo envió repetidamente a su siervo a comprobar si llovía, sino que el profeta siguió orando. Santiago 5:18 nos dice que Elías «Volvió a orar, y el cielo dio su lluvia y la tierra produjo sus frutos». Continuó orando, incluso cuando no había ninguna señal de respuesta. Una, dos... ¡seis, siete veces! Creo que Elías habría orado tantas veces como hubiera sido necesario, porque si Dios decía que iba a llover, Elías sabía que iba a suceder.

Cuando Dios hace una promesa en tu vida, ¡nunca te rindas! ¡Sigue orando! No importa si han pasado siete días, siete semanas, siete meses, siete años o setenta años, ¡no te detengas! ¡Sucederá! Las promesas de Dios son un sí y amén. Lloverá, Elías. Sucederá. Sigue creyendo en tu bendición, en tu ser querido que se ha perdido, en tu restauración, en ese trabajo, en ese avivamiento, en tu iglesia y en tu familia. Continúa orando por la promesa. ¡Y no dejes de comprobarlo! Sigue buscando el milagro. Está en camino. Y tan pronto como veas esa pequeña nube, prepárate. ¡Porque tu respuesta está a punto de derramarse!

Señor, nunca dejaré de orar por las promesas que me has hecho. ¡Oraré una y otra vez hasta que se cumplan!

1 Reyes 19:4–5

«Y él se fue por el desierto un día de camino, y vino y se sentó debajo de un enebro; y deseando morirse, dijo: Basta ya, oh Jehová, quítame la vida, pues no soy yo mejor que mis padres. Y echándose debajo del enebro, se quedó dormido; y he aquí luego un ángel le tocó, y le dijo: Levántate, come».

La verdad sobre los profetas bíblicos es que estaban tan sujetos a los episodios de depresión como cualquier otra persona. Podían pasar de subidas extremas a bajadas extremas. Esto es evidente al leer 1 Reyes 18-19. Primero, Elías estaba eufórico tras su victoria en el Monte Carmelo y el consecuente fin de la sequía. Entonces Jezabel envió un mensaje a Elías, amenazándole con quitarle la vida porque había ejecutado a sus profetas. Presa del pánico, Elías huyó al desierto y le pidió a Dios que le quitara la vida.

No creo que realmente quisiera morir. Si lo hubiera hecho, podría haber esperado a que Jezabel cumpliera su amenaza. En cambio, se acostó bajo un enebro, exhausto y deprimido. La adrenalina que había corrido por sus venas durante el encuentro con los falsos profetas y el posterior arrepentimiento y reconocimiento del único Dios verdadero por parte de Israel se había desvanecido, y tocó fondo. Un ángel lo despertó y le dijo que se levantara y comiera.

A veces las secuelas de una gran victoria te dejarán agotado. Te sentirás vacío espiritualmente y estarás sujeto a los pensamientos engañosos del enemigo. Elías pensó que quería morir porque le temía a la reina Jezabel. Pero Dios se negó a que ese miedo llevara al profeta a la muerte. Si te sientes abatido y deprimido después de una gloriosa victoria, no temas. El Señor te sostendrá y te protegerá. ¿Por qué? Porque Dios todavía tiene mucho más que darte para que hagas.

Señor, cuando me siento desanimado y deprimido después de una gran victoria, te pido que me sostengas. Envía a tus ángeles a consolarme, como hiciste con Elías. Hazme saber que todavía tienes un propósito para mí, en el nombre de Jesús.

1 Reyes 19:19–21

«Partiendo él de allí, halló a Eliseo hijo de Safat, que araba con doce yuntas delante de sí, y él tenía la última. Y pasando Elías por delante de él, echó sobre él su manto. Entonces dejando él los bueyes, vino corriendo en pos de Elías, y dijo: Te ruego que me dejes besar a mi padre y a mi madre, y luego te seguiré. Y él le dijo: Ve, vuelve; ¿qué te he hecho yo? Y se volvió, y tomó un par de bueyes y los mató, y con el arado de los bueyes coció la carne, y la dio al pueblo para que comiesen. Después se levantó y fue tras Elías, y le servía».

Me encanta esta historia de Elías llamando a Eliseo para que sea su siervo y sucesor. Se genera una poderosa sinergia cuando dos generaciones se unen. Elías estaba preparando a Eliseo para más milagros, señales y maravillas para el reino. La oración que quiero captar de este pasaje proviene de la última línea del versículo 21: «Después se levantó y fue tras Elías, y le servía».

Ministrar significa servir. Eliseo reconoció que su primera acción después de ser llamado por Elías era servirle. No buscaba un «entrenamiento milagroso». No le pedía al viejo profeta que le impartiera algún don especial. Simplemente le servía. Si somos capaces de comprender ese aspecto servicial del ministerio, nos dispondremos a recibir todo de la generación anterior.

Señor, permíteme ser un siervo para mi pastor, mis mentores y mis mayores.

2 REYES

2 Reyes 2:8–14

«Tomando entonces Elías su manto, lo dobló, y golpeó las aguas, las cuales se apartaron a uno y a otro lado, y pasaron ambos por lo seco. Cuando habían pasado, Elías dijo a Eliseo: Pide lo que quieras que haga por ti, antes que yo sea quitado de ti. Y dijo Eliseo: Te ruego que una doble porción de tu espíritu sea sobre mí. Él le dijo: Cosa difícil has pedido. Si me vieres cuando fuere quitado de ti, te será hecho así; mas si no, no. Y aconteció que yendo ellos y hablando, he aquí un carro de fuego con caballos de fuego apartó a los dos; y Elías subió al cielo en un torbellino. Viéndolo Eliseo, clamaba: ¡Padre mío, padre mío, carro de Israel y su gente de a caballo! Y nunca más le vio; y tomando sus vestidos, los rompió en dos partes. Alzó luego el manto de Elías que se le había caído, y volvió, y se paró a la orilla del Jordán. Y tomando el manto de Elías que se le había caído, golpeó las aguas, y dijo: ¿Dónde está Jehová, el Dios de Elías? Y así que hubo golpeado del mismo modo las aguas, se apartaron a uno y a otro lado, y pasó

Eliseo».

La partida de Elías era inminente, y parecía que todos lo sabían. A pesar de que Elías le había dicho varias veces a su siervo que se detuviera en ciertos lugares a lo largo del viaje, Eliseo había exclamado: «No te abandonaré». Y así, mientras viajaban juntos, llegaron al río Jordán. Elías golpeó las aguas con su manto y ambos cruzaron en seco. Finalmente, Elías se dirigió a su siervo y le dijo: «Pídeme lo que quieras que haga por ti, antes de que me separen de ti». Eliseo respondió: «Por favor, que haya una doble porción de tu espíritu sobre mí» (2 Reyes 19:9-10, ESV – *English Standard Version* [Versión Inglesa Estándar; traducción literal, ya que esta versión de la Biblia no se encuentra disponible en español]).

Vaya, ¡qué petición! Eliseo estaba diciendo: «Quiero el doble de lo que tú tienes, y quiero ser tu sucesor». No fue tímido ni cobarde al plantear su petición; lo pidió con valentía, y Elías se lo concedió. Eliseo observó cómo Elías era elevado al cielo y recogió el manto que había caído al suelo. Volvió al río Jordán y repitió el milagro que Elías acababa de realizar. Eliseo supo entonces que su audaz petición había sido concedida.

Dios quiere que pidas cosas que son imposibles sin su ayuda. Quiere que te acerques con valentía a su trono y le presentes tus peticiones. Él ya sabe lo que necesitas, ¡así que pídelo! ¡Sueña en grande! ¡No te conformes con menos! ¡Ora a lo grande!

Señor, quiero orar a lo grande. Ayúdame a soñar en grande, a pedir más y a acercarme a ti con valentía. No me conformaré con cosas mediocres o monótonas. Soñaré a lo grande.

2 Reyes 4:1–7

«Una mujer, de las mujeres de los hijos de los profetas, clamó a Eliseo, diciendo: Tu siervo mi marido ha muerto; y tú sabes que tu siervo era temeroso de Jehová; y ha venido el acreedor para tomarse dos hijos míos por siervos. Y Eliseo le dijo: ¿Qué te haré yo? Declárame qué tienes en casa. Y ella dijo: Tu sierva ninguna cosa tiene en casa, sino una vasija de aceite. Él le dijo: Ve y pide para ti vasijas prestadas de todos tus vecinos, vasijas vacías, no pocas. Entra luego, y enciérrate tú y tus hijos; y echa en todas las vasijas, y cuando una esté llena, ponla aparte. Y se fue la mujer, y cerró la puerta encerrándose ella y sus hijos; y ellos le traían las vasijas, y ella echaba del aceite. Cuando las vasijas estuvieron llenas, dijo a un hijo suyo: Tráeme aún otras vasijas. Y él dijo: No hay más vasijas. Entonces cesó el aceite. Vino ella luego, y lo contó al varón de Dios, el cual dijo: Ve y vende el aceite, y paga a tus acreedores; y tú y tus hijos vivid de lo que quede».

Los milagros creativos de Elías y Eliseo nunca decepcionan; siempre es fascinante leerlos e imaginarlos. En esta historia, Eliseo realizó un milagro de multiplicación que sostuvo a toda una familia. Una «vasija de aceite» produjo lo suficiente para que la familia pudiera pagar su deuda y vivir del resto.

La oración clave que me gustaría extraer de esta narración se encuentra en el versículo 2. Elías preguntó a la viuda: «¿Qué tienes en tu casa?». Estaba buscando algo, cualquier cosa, que Dios pudiera utilizar para realizar un milagro para esta mujer y sus dos hijos. La respuesta de la mujer es interesante. Dijo: «No tenemos nada... excepto esta vasija de aceite». Su reacción inmediata fue decir que no tenía nada. No se dio cuenta de que Dios no necesitaba de mucho. Él podía utilizar cualquier cosa que ella tuviera para realizar un milagro.

No mires tu vida y digas «Señor, no tengo nada que ofrecer, nada a mi nombre». Más bien, dile a Dios que puede usar lo poco que *sí* tienes.

Señor, puede que no tenga mucho, pero todo lo que tengo es tuyo. Utilízame, utiliza mis talentos y mis posesiones. Utiliza todo lo que puedas para llevar a cabo un milagro.

2 Reyes 5:20–27

«Entonces Giezi, criado de Eliseo el varón de Dios, dijo entre sí: He aquí mi señor estorbó a este sirio Naamán, no tomando de su mano las cosas que había traído. Vive Jehová, que correré yo tras él y tomaré de él alguna cosa. Y siguió Giezi a Naamán; y cuando vio Naamán que venía corriendo tras él, se bajó del carro para recibirle, y dijo: ¿Va todo bien? Y él dijo: Bien. Mi señor me envía a decirte: He aquí vinieron a mí en esta hora del monte de Efraín dos jóvenes de los hijos de los profetas; te ruego que les des un talento de plata, y dos vestidos nuevos. Dijo Naamán: Te ruego que tomes dos talentos. Y le insistió, y ató dos talentos de plata en dos bolsas, y dos vestidos nuevos, y lo puso todo a cuestas a dos de sus criados para que lo llevasen delante de él. Y así que llegó a un lugar secreto, él lo tomó de mano de ellos, y lo guardó en la casa; luego mandó a los hombres que se fuesen. Y él entró, y se puso delante de su señor. Y Eliseo le dijo: ¿De dónde vienes, Giezi? Y él dijo: Tu siervo no ha ido a ninguna parte. Él entonces le dijo: ¿No estaba también allí mi corazón, cuando el hombre volvió de su carro a recibirte? ¿Es tiempo de tomar plata, y de tomar vestidos, olivares, viñas, ovejas, bueyes, siervos y siervas? Por tanto, la lepra de Naamán se te pegará a ti y a tu descendencia para siempre. Y salió de delante de él leproso, blanco como la nieve».

La moraleja de esta historia es que la codicia siempre conduce a la destrucción. Naamán era un extranjero, capitán del ejército sirio. La Biblia lo describe como «grande» y «honorable». Naamán viajó a Israel con una carta en la que solicitaba al rey Joram que le curase de su lepra. Joram se alarmó. ¡Este oficial militar extranjero esperaba lo imposible! Eliseo envió un mensaje al rey Joram para que enviara a Naamán con él.

Naamán esperaba que el profeta realizara un truco de magia y lo sanara. Pero Eliseo ni siquiera apareció. En cambio, envió un mensaje a Naamán para que se lavara siete veces en el río Jordán y sería sanado. Después de cierta lucha con su fe y su orgullo, Naamán finalmente hizo lo que Eliseo le prescribió y se bañó en el Jordán. Al instante fue sanado y regresó con la intención de colmar de regalos a Eliseo. Pero Eliseo no los aceptó. Entonces la codicia de Giezi lo llevó a cometer un terrible error.

Giezi era el siervo de Eliseo, así como Eliseo había sido el siervo de Elías. Giezi tuvo el privilegio de sentarse a los pies de Eliseo y aprender de él. Fue testigo del maravilloso milagro de sanidad de Naamán. Sin embargo, cuando Eliseo rechazó el regalo, Giezi pensó para sí: «Mi señor debería haber aceptado esos regalos. Después de todo, fue a él a quien Dios usó para curar la lepra». La Biblia dice que Giezi se apresuró tras Naamán para pedirle al menos una parte del regalo.

Para satisfacer su codicia, Giezi mintió. Primero, le dijo a Naamán: «Mi señor me ha enviado a pedirte un regalo. No para nosotros, sino para dos jóvenes profetas que acaban de llegar del monte Efraín». Y lo que es peor, cuando regresó y Eliseo le preguntó a qué lugar había ido, Giezi mintió: «No he ido a ninguna parte». La codicia lo llevó a la destrucción y fue maldecido con la misma lepra de la que Naamán acababa de ser sanado.

Señor, te pido que no haya avaricia en mi vida. No permitas que el ministerio sea sólo cuestión de dinero para mí. Permite que siga el ejemplo de los hombres de Dios que has puesto en mi vida. Quiero vivir una vida limpia y santa ante ti, Jesús.

2 Reyes 7:3

«Había a la entrada de la puerta cuatro hombres leprosos, los cuales dijeron el uno al otro: ¿Para qué nos estamos aquí hasta que muramos?»

Años después de la sanidad de Naamán, Ben-adad, rey de Siria, asedió Samaria, impidiendo que cualquiera entrara o saliera. A medida que el asedio se prolongaba, los alimentos escaseaban; la poca comida disponible se vendía a precios exorbitantes. Los ciudadanos morían de hambre. Era un panorama lúgubre.

Frente a la puerta de la ciudad acampaban cuatro leprosos, quienes seguramente estaban condenados al ostracismo del pueblo. Estaban enfermos, hambrientos y condenados a morir. Finalmente, uno de ellos dijo: «Si seguimos aquí sentados vamos a morir, así que al menos intentemos hacer algo». Todos acordaron ir al campamento sirio, con la esperanza de que los soldados se apiadaran de ellos y les dieran comida. Mientras caminaban hacia el campamento, Dios hizo que los sirios oyeran un ruido como el de un gran ejército marchando hacia ellos. Los sirios huyeron, dejando sus tiendas, su comida, sus posesiones, sus caballos... ¡todo! Los leprosos corrieron de tienda en tienda, saciando su hambre y tomando tesoros. Luego se apresuraron a la ciudad para difundir la buena noticia de que los sirios habían huido y la ciudad estaba a salvo.

Cuando parezca que has tocado fondo y no tienes a quién recurrir, prueba acudir a Jesús. No te quedes ahí sentado esperando la muerte. Da un paso de fe y observa lo que Dios hará.

Señor, cuando no tenga a dónde ir, no me quedaré sentado esperando la muerte. Saldré con fe y veré lo que harás en mi vida.

2 Reyes 13:18–19

«Y le volvió a decir: Toma las saetas. Y luego que el rey de Israel las hubo tomado, le dijo: Golpea la tierra. Y él la golpeó tres veces, y se detuvo. Entonces el varón de Dios, enojado contra él, le dijo: Al dar cinco o seis golpes, hubieras derrotado a Siria hasta no quedar ninguno; pero ahora solo tres veces derrotarás a Siria».

Esta historia siempre me ha causado intriga. Eliseo, probablemente de más de ochenta años, se estaba muriendo, y el rey de Israel, Joás, fue a verlo por última vez. El rey lloró sobre el profeta enfermo, exclamando: «¡Padre mío, padre mío, carro y fuerza conductora de Israel!» (2 Reyes 13:14, NVI). Esta afirmación es más fácil de comprender cuando se contextualiza con el papel que desempeñaba Eliseo en los continuos ataques de Siria contra Israel. El Señor siempre le había informado a Eliseo sobre los planes de batalla del rey de Siria, y Eliseo siempre había enviado un mensaje al rey de Israel. Esto sucedió tantas veces que el rey de Siria sospechó que había un traidor en su propio campamento. Así, Joás estaba reconociendo que Eliseo había desempeñado un papel más importante en el éxito militar de Israel que la propia fuerza militar de Israel.

En medio del dolor del rey, Eliseo le dijo: «Toma un arco y algunas saetas». El rey obedeció, y Eliseo le ordenó: «Golpéalos en el suelo». Tal vez sintiéndose un tanto insensato, el rey golpeó sin entusiasmo el suelo tres veces. Eliseo se enfadó y le reprendió. «¡Deberías haber dado todo lo que tenías;

deberías haber golpeado el suelo cinco o seis veces! Ahora derrotarás a Siria solo tres veces, y ellos seguirán siendo una amenaza».

El principio que se desprende de esta historia es que cuando Dios o el hombre de Dios te dice que hagas algo, tienes que darlo todo. Si te da talentos (o saetas), úsalos hasta su máximo potencial. «Hagan lo que hagan, trabajen de buena gana, como para el Señor y no como para nadie en este mundo» (Col. 3:23, NVI). No te conformes con menos en el reino de Dios.

Señor, te daré todo lo que tengo. Usaré mis talentos y habilidades al límite de su potencial para tu reino. Me esforzaré al máximo.

2 Reyes 18:36
«Pero el pueblo calló, y no le respondió palabra; porque había mandamiento del rey, el cual había dicho: No le respondáis».

Asiria estaba atacando el reino al sur de Judá, y parecía que otra victoria del enemigo era inminente. En ese momento, Asiria tenía la fuerza de combate más fuerte del mundo, y habían aniquilado a todos los ejércitos que habían perseguido, incluyendo el reino del norte de Israel. (Véase 2 Reyes 17:18–23.) El rey Salmanasar envió una delegación de tres hombres a Jerusalén para intimidar a los judíos. La intimidación es una poderosa arma de carácter no físico diseñada para desmotivar al enemigo antes de que comience el conflicto.

El rey Ezequías envió a su propia delegación de tres hombres para hablar con los asirios: el administrador de palacio, el secretario y el historiador. Escucharon cómo el comandante de campo de Asiria atacaba a los judíos, al rey Ezequías y al Señor, su Dios, diciendo en hebreo cosas como: «¿Qué te hace pensar que tu Dios puede salvarte? Ningún otro dios ha podido salvar a su pueblo de nuestro ejército, y tu Dios no será diferente. No escuches a tu rey cuando dice que Dios te salvará. Tu Dios no te salvará».

Siguió despotricando contra ellos en hebreo para que todos los que le observaban desde la seguridad del muro pudieran entenderle. Me encanta el versículo que viene al final de esta diatriba: «Pero el pueblo permaneció en silencio y no respondió ni una sola palabra, porque el rey había ordenado: «No le respondan». (2 Reyes 18:36, NVI). Ni el rey Ezequías ni su delegación ni el pueblo en el muro respondieron de forma alguna al enemigo.

El diablo te confrontará y tratará de decirte todo tipo de mentiras. Intentará intimidarte, hacerte sentir inseguro, hacerte dudar de tu fe y hacer que quieras rendirte. Pero no le respondas, ni siquiera en tus pensamientos. Es un perdedor y un mentiroso. Deshazte de sus palabras y sigue confiando en Dios.

Señor, cuando el enemigo comience a intimidarme y a poner pensamientos en mi mente, lo ignoraré. No responderé a la voz del enemigo, porque tú tienes la última palabra.

2 Reyes 20:1–6

«En aquellos días Ezequías cayó enfermo de muerte. Y vino a él el profeta Isaías hijo de Amoz, y le dijo: Jehová dice así: Ordena tu casa, porque morirás, y no vivirás. Entonces él volvió su rostro a la pared, y oró a Jehová y dijo: Te ruego, oh Jehová, te ruego que hagas memoria de que he andado delante de ti en verdad y con íntegro corazón, y que he hecho las cosas que te agradan. Y lloró Ezequías con gran lloro.

Y antes que Isaías saliese hasta la mitad del patio, vino palabra de Jehová a Isaías, diciendo: Vuelve, y di a Ezequías, príncipe de mi pueblo: Así dice Jehová, el Dios de David tu padre: Yo he oído tu oración, y he visto tus lágrimas; he aquí que yo te sano; al tercer día subirás a la casa de Jehová. Y añadiré a tus días quince años, y te libraré a ti y a esta ciudad de mano del rey de Asiria; y ampararé esta ciudad por amor a mí mismo, y por amor a David mi siervo».

Aquí vemos el ejemplo de un hombre devoto que cambia la opinión de Dios a través de la oración. A Ezequías le dijeron que iba a morir, pero en lugar de aceptarlo, oró. Le recordó al Señor que había caminado en la verdad y que había hecho lo que era justo ante él. Lloró y le suplicó al Señor con humildad. Movido por la compasión, Dios dijo: «He oído tu oración, he visto tus lágrimas y te sanaré».

Hay poder en tus oraciones cuando has sido fiel a Dios, le has servido con devoción, de todo corazón y has hecho lo que es bueno a sus ojos. Puede haber enfermedades, situaciones y problemas en tu vida en los que un resultado desfavorable parezca inevitable. Pero si buscas a Dios en oración, ¡Él te escuchará!

Dios, me niego a creer el resultado negativo. Te pido, te suplico, que me sanes. Ya se trate de una enfermedad física o de un problema en mi vida, te pido que recuerdes mi fidelidad y envíes tu sanidad, Señor. Porque sé que eres capaz.

2 Reyes 22:11

«Y cuando el rey hubo oído las palabras del libro de la ley, rasgó sus vestidos».

El malvado rey Manasés había reinado cincuenta y cinco años en Jerusalén. El cronista escribió de él: «se ha conducido peor que los amorreos que lo precedieron, haciendo que los israelitas pequen con los ídolos que él hizo». (2 Reyes 21:11, NVI). «Construyó altares en el templo del Señor... En ambos atrios del templo del Señor construyó altares en honor de los astros del cielo. Sacrificó en el fuego a su propio hijo, practicó la magia y la hechicería, y consultó a

nigromantes y a espiritistas». (2 Reyes 21:4–6, NVI).
Tras la muerte de Manasés, su hijo Amón se convirtió
en rey y reinó por dos años, siguiendo los viles pasos
de su padre. De este modo, después de cincuenta y
siete años de maldad e idolatría desenfrenada, el
templo del Señor yacía en ruinas, estaba descuidado y
profanado.

Entonces Josías, hijo de Amón, se convirtió en
rey. Cuando tenía veintiséis años, encargó al sumo
sacerdote Hilcías que reuniera todas las ofrendas que
habían recogido los guardianes del templo y entregara
el dinero a los carpinteros, constructores y albañiles
para que repararan el templo. En medio del trabajo,
Hilcías anunció: «¡He encontrado el libro de la ley!».
Este libro causó un gran revuelo.

Cuando el sumo sacerdote leyó el libro a
Josías, el rey «rasgó sus vestiduras». Exclamó: «El Señor
está enojado con nosotros por las malas acciones de
los pueblos que nos han precedido. ¡No han obedecido
su palabra!» Cada vez que la Biblia menciona a alguien
rasgándose o rasgando sus vestiduras, es señal de una
gran emoción, ya sea indignación, pérdida, humildad,
luto, dolor por el pecado o genuino arrepentimiento.

Sabemos que Josías sintió muchas de esas emociones porque Huldá, la profetisa, le dijo: «Como te has conmovido y humillado ante el Señor... y, como te has rasgado las vestiduras y has llorado en mi presencia, yo te he escuchado. Yo, el Señor, lo afirmo». (2 Reyes 22:19, NVI).

¿Por qué razón Josías se humilló y se arrepintió? Porque acababa de enterarse de que durante muchos años los hijos de Israel habían sido desobedientes a la ley de Dios. Josías sabía que necesitaban arrepentirse y empezar a seguir los mandamientos de Dios para forjar una mejor relación con él.

Este es el principio de la oración que quiero extraer de esta narración: hay diferentes niveles en nuestro cristianismo. 2 Pedro 1:5-7 nos enseña: «añadid a vuestra fe virtud; a la virtud, conocimiento; al conocimiento, dominio propio; al dominio propio, paciencia; a la paciencia, piedad; a la piedad, afecto fraternal; y al afecto fraternal, amor». Cuando nos acercamos a Dios por primera vez, no tenemos todo resuelto, de hecho, las cosas están bastante deterioradas. Pero a medida que pasa el tiempo, nuestra relación con Jesús empieza a profundizarse, y a medida que lo hace, Dios exige más de nosotros.

Cuando Josías se dio cuenta de que Dios exigía más de lo que él y su pueblo habían estado dando, se arrepintió. No dijo: «Nunca hemos seguido ninguna de esas reglas. ¿Por qué habríamos de empezar ahora?». Al contrario, convocó a todo el pueblo y leyó la ley ante ellos. Destruyó los altares dedicados a otros dioses. Buscó al Señor con humildad.

A medida que Dios te llame a profundizar, exigirá más de ti. Cuando esto suceda, humíllate ante el Señor y haz lo que Él desea que hagas. Porque no se trata de reglas, sino de tu relación con él. Acércate a él todo lo que puedas.

Señor, a medida que me lleves a niveles más profundos de consagración en ti, me humillaré y seguiré tu palabra y tu voz. No me conformaré con una relación superficial. Haré todo lo que me pidas para acercarme a ti.

1 CRÓNICAS

1 Crónicas 16:8–11

«Alabad a Jehová, invocad su nombre, Dad a conocer en los pueblos sus obras. Cantad a él, cantadle salmos; Hablad de todas sus maravillas. Gloriaos en su santo nombre; Alégrese el corazón de los que buscan a Jehová. Buscad a Jehová y su poder; Buscad su rostro continuamente».

Todo el «salmo de acción de gracias» de David en el capítulo 16 podría haberse incluido en esta oración; sin embargo, he resaltado sólo una parte: La oración de compromiso de David con el Señor.

Dios, invoco tu nombre y te alabo por todo lo que has hecho. Tú mereces toda la gloria. Te buscaré a ti y a tu fortaleza continuamente con todo mi corazón. ¡Eres grande, Señor!

1 Crónicas 22:5

«Y dijo David: Salomón mi hijo es muchacho y de tierna edad, y la casa que se ha de edificar a Jehová

ha de ser magnífica por excelencia, para renombre y
honra en todas las tierras; ahora, pues, yo le
prepararé lo necesario. Y David antes de su muerte
hizo preparativos en gran abundancia».

Este versículo me llama la atención. A David le
acababan de decir que no era él quien debía construir
un templo para el Señor. Esa responsabilidad recaería
sobre su hijo Salomón. No obstante, David estaba
decidido a preparar a Salomón de la mejor manera
posible. Hizo planes, acumuló materiales y trajo
trabajadores. Se preparó para algo que nunca vería
terminado. Sabía que la siguiente generación era
joven, así que dijo: «Por tanto, ahora me prepararé
para ella». Lo último que aprendemos de la gloriosa
vida de David es que se estaba preparando para la
siguiente generación.

Jóvenes, estamos donde estamos gracias al
sacrificio de los ancianos que se han preparado
abundantemente antes de su muerte. Ancianos, por
favor prepárense para la siguiente generación
mientras son «jóvenes y sensibles». Juntos creceremos
y extenderemos este Evangelio al mundo.

Dios, permíteme honrar el sacrificio de quienes se prepararon para el futuro antes de su muerte. Y permíteme también prepararme para el bien de la siguiente generación, para que pueda ser aún más grandiosa.

2 CRÓNICAS

2 Crónicas 1:7–12

«Y aquella noche apareció Dios a Salomón y le dijo:
Pídeme lo que quieras que yo te dé. Y Salomón dijo a
Dios: Tú has tenido con David mi padre gran
misericordia, y a mí me has puesto por rey en lugar
suyo. Confírmese pues, ahora, oh Jehová Dios, tu
palabra dada a David mi padre; porque tú me has
puesto por rey sobre un pueblo numeroso como el
polvo de la tierra. Dame ahora sabiduría y ciencia,
para presentarme delante de este pueblo; porque
¿quién podrá gobernar a este tu pueblo tan grande? Y
dijo Dios a Salomón: Por cuanto hubo esto en tu
corazón, y no pediste riquezas, bienes o gloria, ni la
vida de los que te quieren mal, ni pediste muchos
días, sino que has pedido para ti sabiduría y ciencia
para gobernar a mi pueblo, sobre el cual te he puesto
por rey, sabiduría y ciencia te son dadas; y también te
daré riquezas, bienes y gloria, como nunca tuvieron
los reyes que han sido antes de ti, ni tendrán los que
vengan después de ti».

Esta narración es paralela al relato de 1 Reyes 3, donde Salomón pide sabiduría. Si estás leyendo la Biblia y haciendo estas oraciones, ahora es el momento perfecto para que vuelvas a pedir sabiduría al Señor. Para más información sobre este pasaje, consulta los comentarios sobre 1 Reyes 3.

Dios, hoy te pido sabiduría en mi vida. Permíteme tener entendimiento divino para tratar con las personas y los problemas. En el nombre de Jesús.

2 Crónicas 5:13–14

«Cuando sonaban, pues, las trompetas, y cantaban todos a una, para alabar y dar gracias a Jehová, y a medida que alzaban la voz con trompetas y címbalos y otros instrumentos de música, y alababan a Jehová, diciendo: Porque él es bueno, porque su misericordia es para siempre; entonces la casa se llenó de una nube, la casa de Jehová. Y no podían los sacerdotes estar allí para ministrar, por causa de la nube; porque la gloria de Jehová había llenado la casa de Dios».

¡Me encanta el registro de este acontecimiento! La construcción del templo estaba rodeada de gran entusiasmo. Recogieron madera del Líbano, tallaron intrincadas decoraciones, dieron forma a los querubines, recubrieron todo de oro, tejieron el velo, fundieron el altar de bronce y la fuente de agua, y mucho más. Construyeron el templo siguiendo especificaciones precisas. Cuando la obra concluyó, llegó el momento de traer el arca del pacto y dedicar el templo al Señor. Quiero examinar algunas cosas en este pasaje bíblico.

Primero, «sonaban, pues, trompetas, y cantaban todos a una, para alabar y dar gracias a Jehová». Dudo que esto signifique que todos los músicos tocaban la misma nota mientras los cantantes entonaban esa misma nota al mismo tiempo con las mismas palabras. Más bien, creo que significa que tocaban y cantaban en armonía; ¡estaban unidos adorando al Señor! Y su impresionante unidad produjo un resultado dramático: «entonces la casa se llenó de una nube, la casa de Jehová. Y no podían los sacerdotes estar allí para ministrar».

¡Vaya! Nunca he estado en un servicio en el que los ministros ni siquiera pudieran mantenerse en pie porque el peso de la presencia de Dios era tan denso. Pero quiero estar. ¿Te lo puedes imaginar? El poder y la presencia de Dios eran tan fuertes que parecía que una nube llenaba el lugar. ¡Ese es el tipo de servicio en el que quiero estar!

Señor, permítennos adorarte juntos en unidad, alabándote. Te pido que tu gloria descienda en nuestros servicios con tanta fuerza que los ministros y los fieles caigan ante ti en adoración. Quiero estar en un servicio así.

2 Crónicas 6:20–21

«Que tus ojos estén abiertos sobre esta casa de día y de noche, sobre el lugar del cual dijiste: Mi nombre estará allí; que oigas la oración con que tu siervo ora en este lugar. Asimismo que oigas el ruego de tu siervo, y de tu pueblo Israel, cuando en este lugar hicieren oración, que tú oirás desde los cielos, desde el lugar de tu morada; que oigas y perdones».

La casa de Dios es especial. Sí, se puede orar en cualquier lugar, pero hay algo especial en la oración colectiva de los fieles en la casa de Dios. Orar en el santuario puede ser una consagración y dedicación no únicamente de la casa de Dios, sino de las personas que están orando. Es el lugar donde todos se reúnen en unidad para adorar. Es el lugar donde habita el nombre de Dios. Sin embargo, debemos orar no sólo en nuestra iglesia, sino por nuestra iglesia.

Salomón dijo: «Oye las súplicas de tu siervo y de tu pueblo Israel cuando oren en este lugar. Oye desde el cielo, donde habitas; ¡escucha y perdona!» (2 Crón. 6:21, NVI).

Dios, te pido que tu nombre habite en mi iglesia. Cuando las personas entren y oren, te pido que las escuches, que satisfagas sus necesidades y las perdones. Oro estas cosas en el nombre de Jesús.

2 Crónicas 6:32–33

«Y también al extranjero que no fuere de tu pueblo Israel, que hubiere venido de lejanas tierras a causa de tu gran nombre y de tu mano poderosa, y de tu brazo extendido, si viniere y orare hacia esta casa, tú oirás desde los cielos, desde el lugar de tu morada, y harás conforme a todas las cosas por las cuales hubiere clamado a ti el extranjero; para que todos los pueblos de la tierra conozcan tu nombre, y te teman así como tu pueblo Israel, y sepan que tu nombre es invocado sobre esta casa que yo he edificado».

Esta parte de la oración de Salomón dice mucho, tanto a los israelitas como a nosotros hoy. En la cultura de la antigüedad, los israelitas eran el único pueblo que mantenía una relación con el único Dios vivo y verdadero. Pero también había temerosos de Dios, personas de otras culturas que venían junto a los israelitas y servían a Jehová.

Hoy día, judíos y gentiles por igual son llamados a servir a Jesús; sin embargo, muchos todavía se sienten extraños en la casa de Dios. Tal vez sea porque no crecieron en la iglesia. Tal vez sea por un pecado pasado que creen que los excluye. Tal vez sea porque el ambiente les parece extraño debido a que hace tiempo que no ponen un pie dentro de una iglesia. Si alguno de estos escenarios te describe, entonces esta oración es para ti. Porque Salomón oró: «No olvides al extranjero que no es miembro de tu pueblo Israel. . . [Ellos] van a ser atraídos aquí por tu gran reputación, por tu poder portentoso» (2 Crón. 6:32–33, MSG *The Message* [El mensaje; traducción literal, ya que esta versión de la Biblia no se encuentra disponible en español]).

Dios te ama, sea cual sea tu procedencia. No hay extraños en la casa de Dios. Entra y habla con él. Entra y alaba su nombre. Y él responderá a tu oración.

Dios, aunque me sienta como un extraño, te doy gracias por escuchar mi oración y responderme. ¡Invocaré y alabaré tu nombre, Jesús!

2 Crónicas 7:12–16

«Y apareció Jehová a Salomón de noche, y le dijo: Yo he oído tu oración, y he elegido para mí este lugar por casa de sacrificio. Si yo cerrare los cielos para que no haya lluvia, y si mandare a la langosta que consuma la tierra, o si enviare pestilencia a mi pueblo; si se humillare mi pueblo, sobre el cual mi nombre es invocado, y oraren, y buscaren mi rostro, y se convirtieren de sus malos caminos; entonces yo oiré desde los cielos, y perdonaré sus pecados, y sanaré su tierra. Ahora estarán abiertos mis ojos y atentos mis oídos a la oración en este lugar; porque ahora he elegido y santificado esta casa, para que esté en ella mi nombre para siempre; y mis ojos y mi corazón estarán ahí para siempre».

Muchos de nosotros estamos familiarizados con este pasaje, ya que a menudo se ha hecho referencia a él durante la pandemia de Covid-19. Sin embargo, me gustaría aportar algo de contexto. Este pasaje es parte de la respuesta de Dios a la oración de Salomón, de la que hablamos brevemente en 2 Crónicas 6. Dios empieza repitiéndole a Salomón su oración. Él dijo: «Yo he oído tu oración, y he elegido para mí este lugar por casa de sacrificio». Luego Dios le dijo a Salomón lo que sucedería si los hijos de Israel caían en pecado. Él dijo: «Si yo cerrare los cielos para que no haya lluvia, y si mandare a la langosta que consuma la tierra, o si enviare pestilencia a mi pueblo; si se humillare mi pueblo, y oraren, y buscaren mi rostro; entonces yo oiré desde los cielos, y perdonaré sus pecados, y sanaré su tierra». Prometió que sus ojos y oídos estarían abiertos a las oraciones que se hicieran en el templo, pues él lo había elegido y santificado.

Debemos humillarnos y orar en nuestras iglesias. Dios está allí y escuchará nuestras oraciones.

Nos humillamos ante ti en el santuario, Señor.
Perdona nuestros pecados y sana nuestra tierra.
Escucha nuestra oración, ¡en el nombre de Jesús!

2 Crónicas 10:8
«Mas él, dejando el consejo que le dieron los ancianos, tomó consejo con los jóvenes que se habían criado con él, y que estaban a su servicio».

Este es un pasaje paralelo al de 1 Reyes 12. Roboam fue nombrado rey tras la muerte de su padre, Salomón. Al parecer, Roboam tenía dos grupos de consejeros: los ancianos que habían aconsejado a su padre y los amigos que conocía desde la infancia. Los consejos de ambos grupos no podían ser más contradictorios. Roboam decidió insensatamente elegir el consejo de sus amigos en lugar del de sus ancianos, y cometió un error que le salió caro. El reino se dividió en dos y permaneció así hasta el exilio babilónico.

Mi consejo es que no caigas en el error de Roboam. ¿Quiere decir esto que el consejo de los amigos siempre será malo, y el consejo de los ancianos siempre será bueno? No necesariamente. Sin embargo, deberías buscar el consejo de Dios en lugar de pedir consejo a amigos que sólo te dirán lo que quieres oír.

Señor, permíteme buscar el consejo de hombres y mujeres sabios. Permíteme encontrar sabiduría en la multitud de consejeros. Y no me permitas seguir buscando hasta oír lo que quiero oír, sino que ayúdame a someterme al consejo de los ancianos en mi vida.

2 Crónicas 20:9

«Si mal viniere sobre nosotros, o espada de castigo, o pestilencia, o hambre, nos presentaremos delante de esta casa, y delante de ti (porque tu nombre está en esta casa), y a causa de nuestras tribulaciones clamaremos a ti, y tú nos oirás y salvarás».

El rey Josafat recibió la noticia de que una federación de enemigos moabitas, amonitas y hombres del monte Seir se había reunido en En-gadi, en territorio de Judea, a sólo veinticinco millas al sureste de Jerusalén. Alarmado, el rey convocó un ayuno en todo el país, y gran parte del pueblo se apresuró a Jerusalén para orar fervientemente en el templo.

Después de la oración, surgió una profecía que declaraba que la batalla no era de ellos; ¡era del Señor! Ni siquiera tendrían que luchar. Todo lo que tenían que hacer era marchar a un lugar designado, mantenerse firmes y ser testigos de la victoria que el Señor obtendría para ellos. Entonces los levitas y los corasitas se pusieron de pie y levantaron las vigas con gritos de alabanza.

2 Crónicas 20:9 fue sólo una parte de la oración desesperada de Josafat. Declaró que creía que cuando viniera el mal, podrían ir a la casa de Dios, clamar en su aflicción, y Dios los escucharía. El Señor

respondió a las oraciones del pueblo y a la fe de éste en su liberación. La oración es la clave cuando viene el mal. La oración es la clave cuando viene el juicio. La oración es la clave cuando vienen las dificultades y las pruebas. La oración es la clave cuando viene la victoria. ¡La oración es siempre la clave!

Cuando el mal llegue a mi vida, oraré a ti, Jesús. Iré a tu casa, donde habita tu nombre, y clamaré a ti. Y sé que me escucharás y me ayudarás.

2 Crónicas 20:21

«Y habido consejo con el pueblo, puso a algunos que cantasen y alabasen a Jehová, vestidos de ornamentos sagrados, mientras salía la gente armada, y que dijesen: Glorificad a Jehová, porque su misericordia es para siempre».

El rey Josafat y el pueblo de Judá se habían humillado, ayunado y reunido para orar en el templo de Jerusalén. Hubo una profecía que les dijo a dónde ir y qué hacer, y que no tendrían que luchar porque el Señor obtendría la victoria. El pueblo, encabezado por los levitas y los corasitas, elevó sus voces en gritos de alabanza. El siguiente paso sería obedecer las instrucciones del Señor y descender para enfrentarse al enemigo.

Temprano a la mañana siguiente, Josafat tomó una medida interesante: en lugar de ordenar a cada hombre que tomara sus armas y se pusiera en formación de batalla, designó cantantes para que fueran delante del ejército y alabaran al Señor «en la hermosura de la santidad». El pueblo debía adorar al Señor con admiración, temor y reverencia. (Véase también Sal. 29:2 y 96:9, NVI.)

El pueblo de Dios se dirigió hacia donde el Señor había indicado, tomó sus posiciones y comenzó a cantar y alabar en la belleza de la santidad. El Señor envió emboscadas contra el enemigo; en la confusión, los hombres del monte Seir lucharon contra los hombres de Moab y de Amón. Cuando el polvo se asentó, el pueblo de Dios fue al campo de batalla y vio que ni uno sólo de sus enemigos había sobrevivido.

¡Qué fiel testimonio de santidad y alabanza! Cuando alabamos al Señor en la belleza de la santidad ante nuestras batallas, Dios responderá. «Santidad» se refiere a ser apartado y sagrado ante Dios. Esto es especial. Cualquiera puede alabar; alabar es simplemente elevar a Dios. Pero cuando alabas a Dios en la belleza de la santidad, traes tu estilo de vida separado delante de él. Traes tus consagraciones y dedicaciones a tu alabanza. Cuando esto sucede, las batallas se ganan.

Señor, antes de ir a la batalla, te alabaré en la belleza y el esplendor de tu santidad. Te consagro mi vida. Pongo mi confianza en ti, sabiendo que lucharás por mí.

2 Crónicas 24:15–18

«Mas Joiada envejeció, y murió lleno de días; de ciento treinta años era cuando murió. Y lo sepultaron en la ciudad de David con los reyes, por cuanto había hecho bien con Israel, y para con Dios, y con su casa.

Muerto Joiada, vinieron los príncipes de Judá y ofrecieron obediencia al rey; y el rey los oyó. Y desampararon la casa de Jehová el Dios de sus padres, y sirvieron a los símbolos de Asera y a las imágenes esculpidas. Entonces la ira de Dios vino sobre Judá y Jerusalén por este su pecado».

La historia del rey Joás se repite a menudo entre predicadores y fieles con legado en la Iglesia. Es algo de lo que debemos cuidarnos. Joás tenía un anciano, un mentor en su vida llamado Joiada, quien era sacerdote. Joás se convirtió en rey de Judá a la tierna edad de siete años, por lo que Joiada lo guió por un camino piadoso. A medida que Joás crecía, la Biblia dice que «se propuso reparar la casa de Jehová». Su mente estaba en Dios mientras escuchaba el consejo de Joiada. Trabajaron juntos para fortalecer la casa de Dios, y ofrecieron sacrificios al Señor. Sin embargo, encontramos esta advertencia al final del versículo 14 de 2 Crónicas 24: «Y sacrificaban holocaustos continuamente en la casa de Jehová *todos los días de Joiada*». (Énfasis añadido).

El versículo 15 es el relato de la muerte de Joiada. Aunque era sacerdote, recibió un gran honor al ser enterrado entre los reyes. La Biblia explica que había hecho el bien en Israel a través de su influencia piadosa sobre el rey Joás.

Después de la muerte de Joiada, los príncipes de Judá vinieron y se inclinaron ante el rey, y el rey los escuchó. Lamentablemente, no llevaron a Joás por el mismo camino que Joiada. Por el contrario, «desampararon la casa de Jehová el Dios de sus padres, y sirvieron a los símbolos de Asera y a las imágenes esculpidas». Joás se apartó del Dios al que había servido durante toda su juventud. Dejó atrás las cosas de Dios que Joiada le había enseñado y siguió un camino diferente. Joás se dejó persuadir por la presión de sus compañeros cuando otros lo adulaban y manipulaban.

La historia se pone aún peor. El hijo de Joiada, Zacarías, vino al rey y le preguntó por qué se había desviado de servir al Señor. Esto enfureció a Joás, cuya cabeza se había inflado por la adulación, y ordenó que Zacarías fuera apedreado hasta morir en el patio de la casa del Señor. Trágicamente, «no se acordó de la misericordia que Joiada padre de Zacarías había hecho con él».

No abandones el mensaje de los ancianos una vez que hayan fallecido. No te apartes del camino y escuches a los que te alaban en lugar de escuchar a

Dios. Porque una vez que empieces a comprometer la verdad, te verás alejándote más de Dios día a día.

Dios, no abandonaré la verdad que me transmitieron mis mayores. No transigiré cuando otros vengan a tentarme y persuadirme. Dame amor por la verdad, Jesús, para que pueda servirte todos los días de mi vida.

2 Crónicas 29:20
«Y levantándose de mañana, el rey Ezequías reunió los principales de la ciudad, y subió a la casa de Jehová».

El rey Ezequías, quien hizo lo que era correcto a los ojos de Dios, se levantó temprano para buscar a Dios. Vemos este tema recurrentemente a lo largo de las Escrituras.

Dios, te buscaré temprano.

2 Crónicas 31:5

«Y cuando este edicto fue divulgado, los hijos de
Israel dieron muchas primicias de grano, vino, aceite,
miel, y de todos los frutos de la tierra; trajeron
asimismo en abundancia los diezmos de todas las
cosas».

El diezmo es importante. Para mí, el impacto de este pasaje se produce al leer el capítulo 30, en el que Ezequías reforma al pueblo y lo santifica, y todos adoran a Dios. El punto culminante del capítulo llega en el versículo 26: «Hubo entonces gran regocijo en Jerusalén; porque desde los días de Salomón hijo de David rey de Israel, no había habido cosa semejante en Jerusalén». Fue la mayor celebración de Pascua desde hacía dos siglos. ¿A qué condujo esta alegría y exuberancia? A dar. En la Biblia, dar siempre está relacionado con la celebración y la alegría.

Dios, quiero ser un dador. ¡Permíteme dar con alegría y celebración por todo lo que has hecho!

2 Crónicas 31:21

«En todo cuanto emprendió en el servicio de la casa de Dios, de acuerdo con la ley y los mandamientos, buscó a su Dios, lo hizo de todo corazón, y fue prosperado».

¡Me encanta este versículo! Es un testimonio de la bondad de Dios. Ezequías buscó a Dios. Todo lo que hizo en la casa de Dios, lo hizo con todo su corazón. ¡Y prosperó!

Te buscaré y te daré todo lo que tengo. En cada ministerio del que forme parte, ¡lo haré con todo mi corazón!

2 Crónicas 32:19–20

«Y hablaron contra el Dios de Jerusalén, como contra los dioses de los pueblos de la tierra, que son obra de manos de hombres. Mas el rey Ezequías y el profeta Isaías hijo de Amoz oraron por esto, y clamaron al cielo».

Este pasaje es paralelo a 2 Reyes 18. A lo largo del capítulo 32, los asirios estuvieron hablando falsedades contra Dios, tratando de convencer al pueblo de que Dios no los salvaría. En 2 Reyes 18 vemos que Ezequías no respondió a las falsedades del enemigo. En lugar de eso, oró y clamó al Dios del cielo. Cuando el enemigo diga mentiras contra ti, no le respondas. En cambio, ¡ora y respóndele a Dios!

Señor, no escucharé las mentiras del enemigo. Oraré cuando los problemas se presenten en mi camino.

2 Crónicas 33:12-13

«Mas luego que fue puesto en angustias, oró a Jehová su Dios, humillado grandemente en la presencia del Dios de sus padres. Y habiendo orado a él, fue atendido; pues Dios oyó su oración y lo restauró a Jerusalén, a su reino. Entonces reconoció Manasés que Jehová era Dios».

Manasés era un rey malvado. No sirvió a Dios. Derribó altares dedicados a Dios y levantó altares en honor a dioses falsos. Esta fue una de las peores cosas que un

174

rey de Judá podía hacer. La Biblia dice que el Señor habló a Manasés, pero el malvado rey no quiso escuchar. Entonces llegaron los problemas. Dios envió a los asirios para tomar prisionero a Manasés. Le pusieron un aro en la nariz, lo ataron con grilletes y lo llevaron a Babilonia.

Lo que la palabra del Señor no pudo lograr en la vida de Manasés, lo logró el castigo. ¡Buscó a Dios! Probablemente yo no habría sido tan bondadoso con Manasés como lo fue Dios debido a los años de daño, maldad y estragos que había infligido al pueblo y al templo del Señor. Pero servimos a un Dios misericordioso. Manasés se humilló ante Dios, oró, y Dios lo escuchó. No importa lo que hayas hecho en el pasado. Si buscas al Señor *ahora*, él te escuchará y sabrás que el Señor es Dios.

Dios, te buscaré en mi aflicción. Ya sea que te haya servido en el pasado o que te haya negado toda mi vida, me humillaré y oraré ante ti. Y te doy gracias por tu misericordia hacia mí.

ESDRAS

Esdras 3:1

«Cuando llegó el mes séptimo, y estando los hijos de
Israel ya establecidos en las ciudades, se juntó el
pueblo como un solo hombre en Jerusalén».

El pueblo de Dios volvía a Jerusalén después de un
exilio de setenta años en Babilonia. Es importante
notar que este pueblo todavía estaba bajo la
supervisión del rey persa Ciro, quien simplemente
había concedido permiso para que regresaran a casa
con Zorobabel como su líder. No parecía la tierra
prometida cuando llegaron a Judá. Estaban
aterrorizados de los habitantes locales, sin embargo, la
Biblia dice que «se reunieron como un solo hombre en
Jerusalén».

¡La unidad es poderosa! La unidad les
permitió reconstruir el altar, restaurar el servicio a
Jehová y poner los cimientos del templo. La unidad les
permitió hacer frente a las dificultades que
encontraron. La unidad es necesaria al comenzar

176

cualquier proyecto del reino. Y la unidad es posible incluso en medio de las dificultades.

Señor, te pido que unifiques nuestra iglesia para que podamos lograr lo que quieres que hagamos por el reino.

Esdras 7:27–28

«Bendito Jehová Dios de nuestros padres, que puso tal cosa en el corazón del rey, para honrar la casa de Jehová que está en Jerusalén, e inclinó hacia mí su misericordia delante del rey y de sus consejeros, y de todos los príncipes poderosos del rey. Y yo, fortalecido por la mano de mi Dios sobre mí, reuní a los principales de Israel para que subiesen conmigo».

Aunque no somos de este mundo, seguimos sujetos a los gobernantes de este mundo, ya sean políticos, profesores, jefes o cualquier otra persona con autoridad.

Nueve años después del reinado de Ciro, el rey Darío encontró el decreto de Ciro en el que se autorizaba la reconstrucción del templo de Jerusalén.

La fundación se había establecido bajo Zorobabel, líder de la primera oleada de exiliados que regresaron, pero las obras se habían retrasado por los samaritanos locales, que se opusieron enérgicamente al proyecto. El templo había permanecido sin terminar por diecisiete años. Finalmente, la predicación de Ageo y Zacarías inspiró al pueblo a terminar el proyecto de la construcción, y el templo fue terminado y dedicado cuatro años más tarde.

Esdras, sacerdote y escriba en Babilonia, recibió autorización escrita de Artajerjes para dirigir una segunda oleada de exiliados que deseaban regresar a Judá. Artajerjes y sus consejeros contribuyeron generosamente al fondo del templo, y el rey dijo que se podían solicitar fondos adicionales a los exiliados judíos y a otras personas de todo el reino que quisieran contribuir. Los judíos debían recibir todo lo que necesitaran los sacerdotes y levitas para realizar los sacrificios y el culto en el templo de Jerusalén: dinero, animales, granos para los sacrificios, y demás. Los fondos que sobraran podían gastarse a discreción de Esdras. (Véase Esdras 7:12-26.) Artajerjes también autorizó a Esdras a nombrar magistrados y jueces, que le ayudarían a enseñar la ley de Dios al pueblo. El último punto del decreto de Artajerjes estipulaba que todos los que participaran en el trabajo y el culto del templo estarían exentos de cualquier forma de tributación.

¡Qué asombroso! Estos decretos de los dos reyes persas equivaldrían a que el Presidente de los Estados Unidos me escribiera una carta diciendo: «Quiero que cada persona de tal ciudad se asegure de que Riley reciba todo lo que necesita para construir una iglesia. Denle materiales de construcción, gastos de funcionamiento y cualquier otra ayuda que él y su personal necesiten. Por cierto, él y su personal estarán exentos de impuestos». ¡Qué increíble sería eso! Esdras alabó a Dios por haber puesto esta idea en el corazón del rey.

Podemos recibir bendiciones del mundo. Está bien, incluso es bíblico que tengamos el favor de personas poderosas que tal vez no sean miembros de la iglesia. Estas bendiciones son para nosotros como pueblo de Dios.

Señor, te pido que me concedas el favor de los que están en el poder en mi lugar de trabajo, escuela, ciudad y región. Te alabo para que me favorezcas con políticos, profesores, empresarios influyentes y jefes. ¡Y usaré su favor para construir tu reino!

Esdras 8:21

«Y publiqué ayuno allí junto al río Ahava, para afligirnos delante de nuestro Dios, para solicitar de él camino derecho para nosotros, y para nuestros niños, y para todos nuestros bienes».

Antes de partir hacia Jerusalén, y a pesar del favor del rey, Esdras quiso asegurarse de que seguían por el «buen camino». Proclamó un ayuno para que el pueblo pudiera «afligirse» (humillarse) ante Dios. Esdras decía: «¡En medio de todo lo bueno, asegurémonos de seguir el camino de Dios y de darle gloria por todo!».

Señor, ayunaré y me humillaré en medio de mi victoria para asegurarme de que estoy caminando conforme a tu plan para mi vida. Ayúdame a no

quedarme nunca tan absorto en mi éxito que me desvíe de tu plan.

NEHEMÍAS

Nehemías 1:11

«Te ruego, oh Jehová, esté ahora atento tu oído a la oración de tu siervo, y a la oración de tus siervos, quienes desean reverenciar tu nombre; concede ahora buen éxito a tu siervo, y dale gracia delante de aquel varón. Porque yo servía de copero al rey».

Nabucodonosor, rey de Babilonia, había invadido Judá en 586 a. C., dejando un camino de muerte y destrucción. Había derribado los muros de Jerusalén y, lo peor de todo, había arrancado del templo todo el oro, las joyas y otros objetos de valor y quemado el resto. Años más tarde, Ciro concedió el permiso para reconstruir el templo, y se completó bajo Zorobabel en el año 516 a. C. Esdras regresó con una segunda oleada de exiliados en el año 458 a. C. Restauró la adoración judía y enseñó la ley de Dios al pueblo. Tres años más tarde, Nehemías recibió permiso de Artajerjes para reconstruir los muros en ruinas.

El versículo anterior es la oración de arrepentimiento de Nehemías. Él oró: «Por favor,

Señor, escucha atentamente la oración de tu siervo...
Concede hoy éxito a tu siervo y muéstrame compasión
en presencia de este hombre [el rey]» (Neh. 1:11, NET
– *New English Translation* [Nueva traducción al inglés;
traducción literal, ya que esta versión de la Biblia no se
encuentra disponible en español]). Se aseguró de que
Dios conociera su deseo de temer a su nombre y
prosperar en su camino. A medida que leemos el
capítulo, encontramos que Dios le concedió esta
petición porque quería que Nehemías tuviera éxito.

Dios está para ti. Permíteme repetirlo: Dios
está para ti. Él está para ti incluso cuando tú no has
estado para ti mismo. Él quiere que tengas éxito.
Quiere que prosperes. ¡Quiere que te arrepientas para
obrar todas las cosas para tu bien!

**Dios, gracias por estar *para* mí. Me arrepiento y pido
misericordia ante ti y ante los hombres. Ayúdame a
prosperar en el camino que has diseñado para mí.**

Nehemías 2:17–20

«Les dije, pues: Vosotros veis el mal en que estamos,
que Jerusalén está desierta, y sus puertas consumidas

por el fuego; venid, y edifiquemos el muro de Jerusalén, y no estemos más en oprobio. Entonces les declaré cómo la mano de mi Dios había sido buena sobre mí, y asimismo las palabras que el rey me había dicho. Y dijeron: Levantémonos y edifiquemos. Así esforzaron sus manos para bien. Pero cuando lo oyeron Sanbalat horonita, Tobías el siervo amonita, y Gesem el árabe, hicieron escarnio de nosotros, y nos despreciaron, diciendo: ¿Qué es esto que hacéis vosotros? ¿Os rebeláis contra el rey? Y en respuesta les dije: El Dios de los cielos, él nos prosperará, y nosotros sus siervos nos levantaremos y edificaremos, porque vosotros no tenéis parte ni derecho ni memoria en Jerusalén».

Nehemías llegó a Jerusalén para construir la muralla. En la antigüedad, los muros de las ciudades eran un medio eficaz de protección contra los bandidos y los ejércitos enemigos. Utilicemos este muro como una metáfora de nuestras vidas y de nuestra relación con Dios.

Habrá momentos en los que nuestra protección se vea comprometida porque nuestra relación se ha roto, o quizá estemos empezando a formar esta relación. ¿Por qué es importante un muro? Porque un muro impide que entre la negatividad del mundo. A medida que construimos nuestra relación con Dios, estamos construyendo un muro de protección alrededor de nuestra vida.

Lo siguiente que aprendemos de esta historia es que Nehemías no intentó construir el muro por su cuenta. Explicó la misión al pueblo y ellos dijeron: «¡Levantémonos y edifiquemos!» Necesitas a otros para construir una iglesia y ayudar a construir el reino; pero ¿sabías que también necesitas que otros te ayuden a construir tu relación con Dios? Otros te ayudan a crecer, a construir y a crear una comunidad de relaciones ordenada y diseñada por Dios. No intentes hacer este «asunto de Jesús» tú solo. Encuentra a otros que puedan ayudarte en el camino.

Entonces, justo a tiempo, llegaron Sanbalat, Tobías y Gesem. El enemigo siempre interfiere cuando estás comenzando a construir. Es casi cómico lo predecible que será este encuentro, ¡así que espéralo! El enemigo vendrá a ti de diferentes maneras, por lo general en forma de personas. Por ejemplo, Tobías era un hombre de cierta influencia en Jerusalén porque estaba casado con una mujer judía, lo que de alguna manera lo colocó en gran favor con Eliasib, el sumo sacerdote de Jerusalén. Además, muchos judíos se «conjuraron con él» (Neh. 6:17-18) porque su hijo estaba casado con la hija de Mesulam, uno de los constructores influyentes de la muralla.

Sanbalat era moabita, un pueblo que había sido enemigo declarado de los judíos durante siglos. Algunos documentos antiguos indican que Sanbalat pudo haber sido gobernador de Samaria. Su hija estaba casada con el nieto de Eliasib (Neh. 13:28), lo que él creía que le daba autoridad para inmiscuirse en los asuntos de Jerusalén.

Debido a las conexiones familiares y religiosas de Tobías y Sanbalat en Judá, uno pensaría que esto les habría causado cierta simpatía por lo que estaban pasando los repatriados. Al contrario, se opusieron violentamente a la misión de Nehemías e intentaron por todos los medios que desistiera: burlas, traiciones, instigaciones, amenazas e intimidaciones, por mencionar algunos.

Mi experiencia me ha enseñado que el hecho que las personas tengan vínculos con la Iglesia (o incluso pertenezcan a ella) no significa que vayan a actuar como cristianos. Su oposición a la misión es a veces lo más difícil de superar. No tiene sentido, y es la peor clase de dolor. Pero si esto te ocurre, no te desanimes. Sólo unos pocos son así. Responde tal como respondió Nehemías: con determinación, trabajo duro, fe en Dios y en unidad con los que están dispuestos a permanecer.

Nehemías ya tenía la seguridad que Dios los prosperaría, así que la respuesta era sencilla: seguirían levantándose y edificando. Cuando el enemigo trate de derribarte mientras construyes tu relación con Dios, simplemente recuérdale que Dios está para ti. Puedes continuar levantándote y edificando, no importa cuántas veces hayas caído.

Dios, construiré una relación más profunda contigo. Incluiré a otros: aprenderé de otros, enseñaré a otros y me reuniré en comunión con otros. No desfalleceré cuando alguien intente obstaculizar mi relación

contigo. Continuaré levantándome y construyendo porque sé que tú me harás prosperar.

Nehemías 4:9

«Entonces oramos a nuestro Dios, y por causa de ellos pusimos guarda contra ellos de día y de noche».

Me encanta esta parte de la historia de Nehemías porque muestra el quid de la cuestión de vivir para Dios. Vivimos en una zona de guerra. No luchamos contra carne y sangre, sino contra principados y gobernantes en el reino espiritual. En los días de Nehemías, sin embargo, estaban en un verdadero peligro físico. Nehemías estaba tratando de hacer una obra para Dios, reparando y reconstruyendo el muro, lo que enojó mucho a Tobías, Sanbalat, los árabes, los amonitas y los de Asdod. Conspiraron para combinar fuerzas y avanzar contra Jerusalén. Lo que hizo Nehemías fue muy auténtico: oró a Dios para que lo protegiera y puso una guardia en el muro de día y de noche.

Demasiadas veces oramos pidiendo la protección de Dios, sin embargo hacemos cosas que nos ponen en situaciones adversas. Es mucho mejor confiar en Dios y hacer todo lo posible para situarnos en una posición de victoria. Una vez oí a un rabino judío referirse a esto como fe *halakhah*. La palabra *halakhah* se refiere a la ley judía; sin embargo, no es el Pentateuco (los cinco libros de Moisés). Es un conjunto de tradiciones transmitidas oralmente y recopiladas a lo largo de generaciones que guían la vida cotidiana de un judío. Así pues, la fe en *halakhah* es la creencia en que Dios responderá a nuestras oraciones, pero debemos tomar ciertas medidas para demostrar nuestra fe de conformidad con los principios de su palabra. Por ejemplo, si confiamos en que Dios «nos dará hoy nuestro pan de cada día», pero en lugar de ir a trabajar nos quedamos sentados en casa sin hacer nada, probablemente no nos va a proveer. Tenemos que trabajar. Está en la Biblia: oramos y trabajamos. Y es entonces cuando Dios aparece.

¿Cómo se ve esto en tu vida? En primer lugar, protégete del pecado: Si luchas con el alcoholismo, no vayas al bar o a la licorería. Si luchas con la lujuria y la pornografía, no vayas a ciertos lugares o a ciertos sitios web; consigue una aplicación o un compañero que te ayude a protegerte. Si el enemigo trata de atacarte a través de la depresión, quédate cerca de amigos piadosos que te edificarán entre ellos. Ora a Dios, pero ¡guárdate!

Señor, confío y te oro para todo, pero también prometo trabajar y velar por mi vida.

Nehemías 4:16–17

«Desde aquel día la mitad de mis siervos trabajaba en la obra, y la otra mitad tenía lanzas, escudos, arcos y corazas; y detrás de ellos estaban los jefes de toda la casa de Judá. Los que edificaban en el muro, los que acarreaban, y los que cargaban, con una mano trabajaban en la obra, y en la otra tenían la espada».

Estos dos versículos continúan la narración del capítulo 4. Son una representación visual de lo que suele ser vivir para Dios. Después de que Nehemías se enteró del plan del enemigo para atacar a Israel, cambió su estrategia. Asignó a la mitad de sus hombres para que sirvieran como vigilantes armados con espadas, lanzas, escudos y arcos; la otra mitad estaba lista para luchar incluso mientras trabajaban. En otras palabras, Nehemías era lo suficientemente espiritual como para confiar en la protección de Dios, pero lo suficientemente práctico como para protegerse a sí mismo mientras trabajaba.

¡Qué cierto es esto de nuestro caminar con Dios! La Biblia nos dice que no debemos ignorar las maniobras del enemigo. Sabemos que Satanás quiere robarnos, matarnos y destruirnos. Así que debemos estar preparados. No sólo debemos trabajar constantemente para construir nuestra relación con Dios, debemos luchar constantemente para mantener al enemigo fuera. De nuevo, esto es respaldar nuestras oraciones tomando medidas prácticas para protegernos. Es orar para ganar territorios para el reino de Dios, pero también es orar contra el enemigo y los ataques que él quiera lanzar contra nuestras vidas. Es ir por la vida con un martillo en una mano y una espada en la otra.

La próxima vez que sientas que estás haciendo todo lo que puedes por Dios pero que estás siendo atacado, no te alarmes. Recuerda a los hombres de Nehemías que construyeron con una mano y lucharon con la otra. Y recuerda que terminaron el trabajo en tiempo récord. Tú también lo harás si continúas construyendo.

Señor, seguiré construyendo mi relación contigo mientras lucho contra el enemigo. Tendré una herramienta en una mano y un arma en la otra. No ignoro las maniobras del enemigo, así que me cuidaré mientras te busco.

Nehemías 8:9–12

«Y Nehemías el gobernador, y el sacerdote Esdras, escriba, y los levitas que hacían entender al pueblo, dijeron a todo el pueblo: Día santo es a Jehová nuestro Dios; no os entristezcáis, ni lloréis; porque todo el pueblo lloraba oyendo las palabras de la ley. Luego les dijo: Id, comed grosuras, y bebed vino dulce, y enviad porciones a los que no tienen nada preparado; porque día santo es a nuestro Señor; no os entristezcáis, porque el gozo de Jehová es vuestra fuerza. Los levitas, pues, hacían callar a todo el pueblo, diciendo: Callad, porque es día santo, y no os entristezcáis. Y todo el pueblo se fue a comer y a beber, y a obsequiar porciones, y a gozar de grande alegría, porque habían entendido las palabras que les habían enseñado».

En este pasaje, el pueblo había terminado de construir el muro. Posteriormente, Nehemías y Esdras hicieron que los levitas leyeran la ley al pueblo. Su reacción inicial fue llorar y lamentarse, porque no habían acatado la ley. Sin embargo, ¡Nehemías y Esdras les dijeron que era un buen día! Le dijeron al pueblo que dejara de lamentarse; en cambio, debían ir y comer, porque la alegría del Señor era su fortaleza.

La palabra de Dios trae vida, no muerte; alegría, no depresión; libertad, no esclavitud. No debemos castigarnos cuando hemos obrado erróneamente, sino arrepentirnos y regocijarnos sabiendo que Dios nos está santificando para la futura promesa. Una vez leída la ley al pueblo y comprendidas sus implicaciones, se marcharon contentos.

Señor, que obedecer tu palabra y tus mandamientos sea motivo de alegría para mí. Muéstrame cómo tu palabra aligera mi carga y trae paz a mi vida.

ESTER

Ester 4:13–14

«Entonces dijo Mardoqueo que respondiesen a Ester: No pienses que escaparás en la casa del rey más que cualquier otro judío. Porque si callas absolutamente en este tiempo, respiro y liberación vendrá de alguna otra parte para los judíos; mas tú y la casa de tu padre pereceréis. ¿Y quién sabe si para esta hora has llegado al reino?»

El libro de Ester es una historia de intriga e ironía. En ella aparecen el rey Asuero, Mardoqueo, Amán y, por supuesto, Ester, la protagonista o heroína. Mardoqueo hacía florecer a Ester, él sacaba a relucir sus mejores cualidades. Amán es el antagonista, el villano, y el rey está en medio de todo, dictando decretos. La narración está llena de drama, giros argumentales, traición y peligro.

Cuando entramos en la historia, Ester es la reina del reino más grande y poderoso del planeta. Ha recibido el favor de casi todo el mundo, y su vida es fantástica como la de un cuento de hadas. Entonces

Mardoqueo, el pariente que había acogido a Ester en su casa tras la muerte de sus padres, le informó que Amán estaba conspirando para destruir a los judíos. La instó a acudir al rey para detener la destrucción. Su reacción inicial fue de miedo. Ella dijo: «Todo el mundo sabe que si alguien se acerca al rey en el atrio interior sin ser convocado, será condenado a muerte a menos que el rey extienda el cetro de oro. ¡Y el rey no me ha llamado en todo un mes!» Mardoqueo respondió: «No creas que escaparás a la destrucción sólo porque eres la reina. Si no lo haces, Dios de alguna manera nos proveerá un escape de alguna otra forma. Pero ¿quién sabe si te pusieron en esta posición en el reino para un momento como este?».

Cuando nos va bien en la vida fuera de la Iglesia, a menudo nos cuesta levantarnos contra el mundo. Debemos recordar que no somos de este mundo, sino que somos del reino de Dios. Sí, Dios nos dará el favor de nuestros jefes, políticos y líderes de la comunidad. Sin embargo, no lo hace sólo para nuestro propio beneficio; lo hace para que podamos impulsar su reino.

Si has recibido favor, espera tu momento para impulsar el reino de Dios. ¡Es posible que se te haya concedido ese favor para un momento como este!

Señor, cuando recibo tu favor, te pido que me des la oportunidad de exaltarte. Permíteme estar atento a los momentos en los que pueda impulsar tu reino en esta tierra.

Ester 6:6–11

«Entró, pues, Amán, y el rey le dijo: ¿Qué se hará al hombre cuya honra desea el rey? Y dijo Amán en su corazón: ¿A quién deseará el rey honrar más que a mí? Y respondió Amán al rey: Para el varón cuya honra desea el rey, traigan el vestido real de que el rey se viste, y el caballo en que el rey cabalga, y la corona real que está puesta en su cabeza; y den el vestido y el caballo en mano de alguno de los príncipes más nobles del rey, y vistan a aquel varón cuya honra desea el rey, y llévenlo en el caballo por la plaza de la ciudad, y pregonen delante de él: Así se hará al varón cuya honra desea el rey. Entonces el rey dijo a Amán: Date prisa, toma el vestido y el caballo, como tú has dicho, y hazlo así con el judío Mardoqueo, que se sienta a la puerta real; no omitas nada de todo lo que has dicho. Y Amán tomó el vestido y el caballo, y vistió a Mardoqueo, y lo condujo a caballo por la plaza de la ciudad, e hizo pregonar delante de él: Así se hará al varón cuya honra desea el rey».

Amán había estado tramando la aniquilación de los judíos desde que Mardoqueo no quiso inclinarse ante él y rendirle homenaje. Con este fin, Amán había engañado al rey para que firmara un decreto que establecía que Amán y sus partidarios podían atacar y matar a los judíos en todas las provincias en una fecha determinada. Cuando Mardoqueo oyó esto, rasgó sus vestiduras, se revistió de cilicio y ceniza, y se dirigió a la puerta del rey para orar y llorar. Su única esperanza era confiar en la liberación de Dios. Dios respondió a Mardoqueo, pero no de la manera que él deseaba o esperaba; de hecho, la respuesta parecía no tener relación con la tragedia que Mardoqueo y su pueblo estaban enfrentando.

En el pasado, Mardoqueo había salvado la vida del rey desenmascarando un complot para asesinarlo, pero Mardoqueo nunca había recibido ninguna recompensa por salvar la vida del rey. Ahora, en medio de su tribulación, llegó la recompensa. Amán, el hombre que se había propuesto destruir a Mardoqueo y a todos los judíos, recibió instrucciones del rey de exhibir a este odiado judío por las calles y rendirle homenaje.

Un punto clave es que esto no salvó a Mardoqueo de la destrucción inminente, pero le dio esperanza. Le sirvió como recordatorio que Dios sabía exactamente dónde estaba y que los judíos serían liberados cuando llegara el momento oportuno.

Habrá momentos en tu vida en los que necesites desesperadamente una respuesta de Dios sobre un asunto específico. Entonces, de la nada, Dios te dará una recompensa o una razón para albergar esperanzas que no tiene nada que ver con aquello por lo que estás orando. Espero que te acuerdes que Dios te ve, sabe exactamente dónde estás y a qué te enfrentas en momentos como estos. Él traerá la liberación a su debido tiempo.

Dios, te doy las gracias por los recordatorios de tu guía cuando estoy en medio de tribulaciones. Incluso si aún no has respondido a mi oración, te doy gracias por hacerme saber que tienes todo preparado en tu tiempo.

JOB

Job 1:5

«Y acontecía que habiendo pasado en turno los días
del convite, Job enviaba y los santificaba, y se
levantaba de mañana y ofrecía holocaustos conforme
al número de todos ellos. Porque decía Job: Quizá
habrán pecado mis hijos, y habrán blasfemado contra
Dios en sus corazones. De esta manera hacía todos los
días».

A Job le ocurrieron algunas de las peores situaciones
de la vida: pérdida de ingresos, la muerte de sus hijos,
enfermedad, falsas acusaciones por parte de sus
amigos, abandono por parte de su familia, le ocurrió
de todo. Job pasó por una temporada
extremadamente dura, pero nunca se rindió con Dios.
Para mí, el versículo anterior ejemplifica por qué nunca
se rindió con Dios.

La historia de Job comienza con su
descripción: era un hombre bueno y recto, temía a
Dios y rehuía el mal. Sus acciones justifican esta
afirmación porque el versículo 5 nos da un poco de

perspectiva sobre la vida cotidiana de Job. Se levantaba temprano, oraba por su familia y ofrecía sacrificios. «De esta manera hacía todos los días». Es esta afirmación final la que marca la diferencia. Job había creado un estilo de vida de alabanza y oración, de modo que cuando llegó su mayor tribulación, simplemente continuó con su rutina.

Crear un estilo de vida de alabanza y oración te salvará en los momentos de tribulación. Si Job no hubiera establecido ya esta rutina, probablemente no habría continuado sirviéndole a Dios en medio de todo. Cuando eres capaz de alabar y orar continuamente, eres capaz de servir a Dios en los mejores y en los peores momentos. Y eso es fe.

Dios, ayúdame a crear un estilo de vida de alabanza y oración como la de Job. Te serviré tanto si estoy en la cima de la montaña rodeado de amigos como si estoy solo en un valle.

Job 1:20
«Entonces Job se levantó, y rasgó su manto, y rasuró su cabeza, y se postró en tierra y adoró».

No hay nada más justo o recto que esto. Los animales de Job (su riqueza) fueron robados o destruidos; sus sirvientes (empleados) fueron asesinados; cayó fuego del cielo y consumió el ganado y a los sirvientes restantes; luego un «gran viento» derribó la casa del hijo mayor en donde todos los hijos de Job estaban celebrando, y todos perecieron. ¡El recuento de las tragedias una tras otra es estremecedor! Es la peor secuencia de acontecimientos en la vida de alguien que jamás haya oído.

La primera reacción de Job fue lamentarse; «rasgó su manto y se rapó la cabeza», señal de gran angustia. Pero Job, aunque estaba abrumado por la desesperación, se postró en el suelo y adoró. Qué testimonio, un testimonio que se estableció a través de su estilo de vida de adoración. Si Job nunca hubiera adorado a Dios con anterioridad, ciertamente no habría comenzado en ese momento. Sin embargo, Job nos da un ejemplo de adoración en medio de un inmenso dolor. Es posible. Puedes alabar al Señor a través de tu más profundo dolor aunque no entiendas por qué está sucediendo. Puedes ser abatido, pero te prometo por mi propia experiencia y la experiencia de Job, que la alabanza te guiará a través de tu dolor.

Señor, te adoraré en medio de mi más profundo dolor. Me daré espacio para llorar, pero en medio del dolor me postraré sobre mi rostro y te adoraré.

Job 2:9–10

«Entonces le dijo su mujer: ¿Aún retienes tu integridad? Maldice a Dios, y muérete. Y él le dijo: Como suele hablar cualquiera de las mujeres fatuas, has hablado. ¿Qué? ¿Recibiremos de Dios el bien, y el mal no lo recibiremos? En todo esto no pecó Job con sus labios».

Lamentablemente, a veces el enemigo utiliza a las personas más cercanas a nosotros para desanimarnos y empeorar las cosas. En Job 2, Satanás se insinuó en la presencia del Señor para rendir cuentas de dónde había estado. Entonces Dios le preguntó: «¿Te has puesto a pensar en mi siervo Job?. No hay en la tierra nadie como él; es un hombre recto e intachable, que me honra y vive apartado del mal. Y aunque tú me incitaste contra él para arruinarlo sin motivo, ¡todavía mantiene firme su integridad!» (Job 2:1–3, NVI). Apenas seis versículos después, la esposa de Job le habló a su doliente esposo, y sus palabras podrían haber salido de la boca de Satanás: «¿Todavía mantienes firme tu integridad? ¡Maldice a Dios y muérete!» (Job 2:9, NVI). Esta mujer devastada estaba amargada por las pérdidas que habían sufrido, después de todo, ella había dado a luz a esos diez hijos, y estaba en el hospicio junto a Job. Lo único que le quedaba era su esposo, quien sufría la agonía de forúnculos, piel descamada, desfiguración, macilencia, fiebre y pesadillas. (Véase la nota de *Apostolic Study Bible* [Biblia de Estudio Apostólico] sobre Job 2:7). La diferencia era que ella estaba enfadada con Dios, pero Job no. Él respondió: «Mujer, hablas como una necia. Si de Dios sabemos recibir lo bueno, ¿no sabremos recibir también lo malo?» (Job 2:10, NVI).

Un comentario para los hombres: busquen una esposa que los anime, no que los tiente a pecar. Discutiremos este tema más adelante, pero en pocas palabras, busca una esposa que te anime a buscar a Dios sin importar las circunstancias.

Job desestimó las palabras insensatas de su esposa y proclamó que confiaría y adoraría a Dios pasara lo que pasara.

Señor, no me desanimaré cuando los más cercanos a mí intenten que me aleje de ti. Me niego a ceder a la tentación y al pecado. Confiaré en ti y en tu plan.

Job 2:11–13

«Y tres amigos de Job, Elifaz temanita, Bildad suhita, y Zofar naamatita, luego que oyeron todo este mal que le había sobrevenido, vinieron cada uno de su lugar; porque habían convenido en venir juntos para condolerse de él y para consolarle. Los cuales, alzando los ojos desde lejos, no lo conocieron, y lloraron a gritos; y cada uno de ellos rasgó su manto, y los tres esparcieron polvo sobre sus cabezas hacia el cielo. ¿De qué manera le consolaron al principio? Así se sentaron con él en tierra por siete días y siete noches, y ninguno le hablaba palabra, porque veían que su dolor era muy grande».

Quiero ser un amigo que consuela a los demás en momentos de dolor. Verás a lo largo del libro de Job que sus amigos al principio lo consolaron, luego pasaron a cuestionar las razones de su tormento y a acusarlo. ¿De qué manera le consolaron al principio? «Así se sentaron con él en tierra por siete días y siete noches, y ninguno le hablaba palabra, porque veían que su dolor era muy grande».

A veces, lo mejor que puedes hacer en medio del dolor de alguien es simplemente estar con esa persona. No hables con ellos; no trates de darles consejos; no trates de decirles lo que hicieron mal. Deja eso a las autoridades espirituales en sus vidas. Simplemente permanece allí y dales consuelo. No estoy diciendo que el pecado no debe ser corregido, pero no intentes proyectar el pecado en la vida de un amigo justo. Sé un consuelo para ellos en su desesperación.

Dios, ayúdame a ser un amigo que reconforta, no uno que desanima.

Job 3:1–3

«Después de esto abrió Job su boca, y maldijo su día. Y exclamó Job, y dijo: Perezca el día en que yo nací, Y la noche en que se dijo: Varón es concebido».

Si has experimentado un momento de gran dolor y te has postrado sobre tu rostro para adorar a Dios en medio de este dolor, te felicito. Has hecho lo correcto. No obstante, después de que se asienta el polvo, puede llegar el momento en que empiezas a dudar de todo acerca de ti mismo y de tu situación. No sé si estos pensamientos provienen de tu propia humanidad, del enemigo o de una mezcla de ambos. Sólo sé que llegará ese momento. En el capítulo 1, después de sufrir tragedia tras tragedia, Job se postró sobre su rostro y adoró a Dios. Pero dos capítulos más tarde, lo encontramos deseando no haber nacido.

En primer lugar, el trauma provoca este efecto en las personas. La devastación, el dolor, la muerte y la pérdida en sus vidas los llevarán a preguntarse: «¿Por qué sucedió esto? ¿Hice algo mal? ¿Podría haber orado más? ¿Estoy siendo castigado? ¿Qué debo hacer ahora?» Toda la vida de Job había sido desarraigada. Él había estado orando por sus hijos todos los días; sin embargo, todos sus hijos habían sido asesinados. Cualquiera habría sufrido un golpe en su fe si eso hubiera ocurrido.

Escribo esto a quienes han vivido o vivirán un gran trauma como este. No importa lo confiado que estés o cuán recto seas, las tragedias llegarán. Aunque Job era «perfecto y recto», tuvo un momento en el que deseó no haber nacido. Cuando experimentes una desesperación como esta, recuerda la historia de Job. Habla con otras personas y escucha sus historias. Cuando esto ocurrió en mi vida, necesitaba hablar con alguien todos los días para que me acordara que había un propósito en mi dolor y que mi futuro no había llegado a su fin. Esto me ayudó, porque, aunque sabía estas cosas en mi cabeza, cuando llegó el dolor, fuertes dudas me invadían a diario.

Mi mensaje para ti es ¡ánimo! Dios tiene un plan y un propósito para ti. Superarás el dolor un día a la vez, y serás iniciado en la «comunidad de sus sufrimientos». Cuando salgas por el otro lado de la prueba, las dudas se desvanecerán y serás más fuerte que nunca. Podrás servir a los demás como nunca habías podido.

Señor, aparta todas las dudas que me invaden en mis momentos de desesperación y dolor. A través de esas dudas ayúdame a conocerte de una mejor manera. Ayúdame a superar esta temporada, te lo pido.

Job 2–42

Puede que ahora tengas dudas, y no pasa nada. Sigue adelante aunque no tengas ganas. El plan de Dios es perfecto, pero puede llevar tiempo. Aquí está la progresión de la lucha de Job entre la duda y la fe durante su prueba:

- o En el capítulo 2, Job experimentó pérdida y dolor, pero inmediatamente adoró.
- o En el capítulo 3, Job maldijo el día de su nacimiento y deseó nunca haber nacido.
- o En el capítulo 6, el dolor de Job se volvió insoportable.

- En el capítulo 7, el espíritu de Job estaba inundado de angustia y su alma estaba amargada.
- En el capítulo 9, habló del poder y la supremacía de Dios.
- En el capítulo 10, se sentía hastiado de su vida.
- En el capítulo 12, honró la fortaleza y la sabiduría de Dios.
- En el capítulo 16, se quejó de sus «consoladores molestos» y sintió que Dios lo había abandonado.
- En el capítulo 17, se sentía desesperanzado.
- En el capítulo 22, sintió que estaba siendo castigado por su justicia.
- En el capítulo 26, exaltó la grandeza de Dios.
- En el capítulo 27, Job dijo: «Hasta que muera, no quitaré de mí mi integridad».
- En el capítulo 29, reflexionó sobre su antigua grandeza.
- En el capítulo 30, clamó a Dios.

o   En el capítulo 31, Job suplicó: «Péseme Dios en balanzas de justicia, Y conocerá mi integridad».

Finalmente, en el capítulo 38, Dios empezó a hablar. Le recordó a Job que solamente él tenía todo el poder, todas las respuestas y era él quien tenía el control. En el capítulo 40, Job se sometió a la autoridad de Dios. En el capítulo 42, se arrepintió de intentar justificarse y de hablar sobre cosas que no entendía. En Job 42:8, Dios se refirió a este hombre recto como «mi siervo». En Job 42:10, Job oró por sus amigos, quienes le habían hecho mal, y Dios cambió su situación. Sus amigos y familiares volvieron, comieron con él y lo consolaron. Y finalmente, en Job 42:12 «Y bendijo Jehová el postrer estado de Job más que el primero».

Este libro describe el ciclo de la vida de un hombre. Job dudó, alabó, se sintió desesperado, consultó con Dios. Finalmente, el Señor habló en los últimos cuatro capítulos y Job recibió el doble de lo que tenía antes.

El dolor es difícil. Las palabras pueden herir. El dolor puede ser insoportable. Pero no pierdas la esperanza. Dios sabe dónde estás y, a su tiempo (no al tuyo), le dará vuelta a tu situación. Así que confía en él incluso cuando tus emociones oscilen como un péndulo. Confía en él incluso cuando las cosas parezcan no tener esperanza. Sigue adelante día a día, porque sabes que el plan de Dios para ti es perfecto. Y al final, podrás decir junto a Job: «Mas él conoce mi camino; me probará, y saldré como oro». (Job 23:10).

Señor, mientras avanzo por la vida, te pido que pueda llegar al final que has planeado para mí. Ayúdame a resistir para que pueda recibir las bendiciones que tienes reservadas para mí. Ayúdame a mantener mi integridad, y sin importar lo que digan mis emociones seguiré confiando en ti.

Made in the USA
Columbia, SC
28 March 2024

33284981R00117